桂文我の落語版「古事記」

四代目 桂 文我 著

燃焼社

はじめに

今から四十年以上前、三重県立松阪工業高校に在学中、私に「落語で、古事記を演ってほしい」と仰った方があります。

それは、ユニークな授業で、わかりやすく国語を教え、落語研究会の顧問でもあった広田正俊先生で、私に日本古典文学全集の第一巻・古事記を手渡し、本居宣長と古事記の話もして下さいました。

昭和五十四年、二代目桂枝雀に入門し、長年、古典落語を演じながらも、中々、その機会には恵まれず、ようやく取り掛かったのは三十三年後、古事記編纂千三百年という、百年に一度の年を迎えた、平成二十四年です。

その年、各地の古事記に因んだ町は、様々なイベントを組んでいました。

私の住む三重県松阪市も、古事記伝を著した、日本を代表する国学者である本居宣長を輩出していますので、市を挙げてのイベントを楽しみにしていたのですが、残念なことに本居宣長記念館の催し以外、あまり目立った事業はなかったのです。

「こんな記念の年に、行政が動かないのは、どういう訳だ？　それなら、個人的に何かをしよう」と考え、落語版『古事記』の上演を思い立ちました。

年一回の予定で、松阪コミュニティ文化センターにて「桂文我の古事記を語る落語会」を開催したところ、お蔭様で、第一回目から好評で、第二回目からは、医療法人スワン・カイバナ眼科クリニック様の後援も得て、カイバナ眼科プレゼンツとして、今年で第九回目を迎えることになり、六席分の落語として文章化したのが、本書です。

過去、上方落語界で、落語版『古事記』を演じたのは、私の大師匠・三代目桂米朝、学士噺家と言われた四代目桂文紅、スマートな高座を展開した二代目桂歌之助という諸先輩で、国造りから八岐大蛇まで、自身の工夫で、ユニークな世界を展開しました。

私の場合は、古事記を全て落語版に仕立て直そうと考え、毎年一席ずつ纏め直してきたのが、本書に収めたネタであり、出来る限り、わかりやすく構成したつもりです。

私以降に、落語版『古事記』を演じる者も出てきましたが、『源平盛衰記』『西行』などと同じく、地噺の形式で進めるだけに、古事記の厚みに負けない肉付けをしないと、話の広がりはあっても、深みのある落語にはなりにくいのは否めないでしょう。

また、古事記のストーリーも、八岐大蛇の後、因幡の白兎や、海幸彦・山幸彦以外は知られていない話が多く、時代が進むほど、面白味が薄れることも否めませんが、少しずつ、その古事記の森を押し分けて進み行くと、所々に見たことの無い光景が現れるのです。

今後も、牛歩ですが、落語版『古事記』を上演し続ける所存ですので、気長にお付き合い下さいませ。

日本最古の歴史書とされていますが、神話の部分も多く、つじつまの合わない箇所もありますので、注釈・解釈に関しては、『古事記伝』を参照していただければと思います。

あくまでも、落語で語る古事記の本であって、古事記の研究書・学術書ではありませんから、「肝心な部分が抜けている」「神様の名前の言い方が違う」「こんな冗談は、古事記に必要ではない」と思われる方も居られるでしょうが、そこは「古事記の入口の楽しみ方とすれば、こんな方法もある」という考えで、お許し下さい。

ご意見・ご質問は、出版社に手紙かメールで知らせて下さいましたら、私から丁寧に返答をさせていただきます。

また、教えていただけることがあれば、ネットの書評欄等に、「私の方が、わかっている！」という言い廻しで、匿名で書かれるのではなく、直々に教えて下さいますように。

古事記の落語はともかくとして、相愛大学人文学部教授の千葉真也先生、山本幸男先生、本居宣長記念館名誉館長・吉田悦之氏に、新型コロナが流行する直前、貴重な意見を伺うことが出来たのは、本当に幸運でした。

一ヶ月後だったら、対談・鼎談のコーナーの掲載は不可能だったでしょう。

不思議な巡り合いや、偶然の助けにより、何とか形にすることが出来ました。

最後になりますが、カイバナ眼科クリニックの上住尚志先生とスタッフの方々、落語会の当日の裏方を担当の多気町ふるさと寄席の面々、そして、本書の刊行を引き受けて下さった、大阪の出版社では一番の奇人で人情家の燃焼社々長・藤波優氏にも、厚く御礼を申し上げます。

そして、もう一言。

二年前、冥土へ旅立たれた広田正俊先生に、本書を捧げたいと思います。

どうぞ、最後まで宜しくお付き合い下さいませ。

四代目　桂文我

目次

一　日本の始まりの巻

地球が誕生して四十六億年と言いますが、どれぐらい昔かと言うと、ズゥ――――ッと昔、ということで、もっと違う言い方をすると、とんでもない昔。

日本の国の歴史は、神武天皇が即位してからと言いますが、それより前の神話の時代が一杯書かれているのが、日本最古の歴史書・文学書の古事記という書物。

古事記の編纂のキッカケは、七世紀後半、第四十代・天武天皇が、彼方此方の豪族の系図や伝説を歪められていたことで、心を傷められたことに始まります。

例えて言うと、大ボラ吹きが、「ウチの先祖は、聖徳太子に間違い無い！」「私は、弘法大師の末裔じゃ！」「ウチの先祖は、イエス・キリスト！」と言うのと同じで。

当時は中国から伝わった漢字だけで、平仮名やカタ仮名は無かったので、稗田阿礼（ひえだのあれ）という、記憶力抜群で、聞いたことは忘れない利口な舎人（とねり）に、天皇家の歴史から、彼方此方の話を覚えさせている内に、天武天皇が崩御して、その作業が止まります。

その後、平城京に都を定めた第四十三代・元明天皇という女帝が、天武天皇の仕事を全うさせようと考えて、稗田阿礼が覚えていることを語らせ、太安万侶（おおのやすまろ）が筆記して、和銅五年、西暦七一二年、古事記全三巻が完成しました。

一寸遅れて、日本書紀も編纂されましたが、ザックリ言うと、日本書紀は、中国に「日本とは、こんな国です」と紹介する、カタログのような物で。

古事記は、日本国中に、自国のことを知らせる物だけに、性質が違います。

長年、古事記は、読み方もわからない書物という扱いでしたが、タイムカプセルの蓋を開けたのが、日本を代表する国学者・本居宣長（もとおりのりなが）で、寛政十年、西暦一七九八年まで、三十五年の年月をかけて、古事記の解説書・古事記伝四十四巻を執筆しました。

本居宣長は、只今の三重県松阪市の生まれ。

昔から松阪は、素晴らしい人材を輩出している所。

江戸の商いの基盤を築いた、三越の先祖に該（あた）る三井高利や、昨今、K&Kという社名になりましたが、国分缶詰の先祖も、松阪市射和の出身。

歌手・田端義夫も松阪出身で、マドロス姿で、ギターを持って、「オッス！」と言いながら、「波の背の背に、揺られて揺れて」と歌って、九十四才で亡くなりました。

武蔵川親方の元横綱・三重ノ海や、歌手・あべ静江に、一時、紅白歌合戦の常連になっていた西野カナという歌手も、松阪出身。

本居宣長から西野カナまで、松阪は素晴らしい人材を輩出していますが、これらの逸材を一纏めにしても、とても適わない者が一人居ります。

古事記上巻　并序
臣安萬侶言夫混元既凝氣象未效無名無爲
誰知其形然乾坤初分參神作造化之首陰陽
斯開二靈爲群品之祖所以出入幽顯日月彰
於洗目浮沈海水神祇呈於滌身故太素杳冥
因本教而識孕土産嶋之時元始綿邈頼先聖
而察生神立人之世寔知懸鏡吐珠而百王相
續喫劒切蛇以万神蕃息歟議安河而平天下

禮眦古　天皇以下品陁御世以前爲中巻
大雀皇帝以下小治田大宮以前爲下巻幷録
三巻謹以獻上臣安萬侶誠惶誠恐頓首頓首
和銅五年正月廿八日正五位上勲五等太
朝臣安萬侶

寛永版本『古事記』序文最初と最後の頁

それは、私！

私はともかくとして、松阪からは素晴らしい人が大勢出ているようで。

話は、古事記に戻ります。

「昔、日本は何も無かった」ということから始まって、天も地も無い、オールナッシングの所に、神様のようなモノが、現れては消え、現れては消えしている内に、天御中主神（あめのみなかぬし）という神様が現れました。

世の中に、たった一人ということで、部屋に籠もって、テレビゲームをしていたそうですが、高御産巣日神（たかみむすひのかみ）、神産巣日神（かむむすひのかみ）という神様が現れたので、やっと花札が出来るようになります。

天（てん）のテッペンの高天原（たかまがはら）に、天香具山（あめのかぐやま）という山が出来て、天安河（あめのやすかわ）という川が流れ、天岩屋（あめのいわや）という洞窟も出来て、次々に神様も現れました。

その頃、地上は油が浮いているような、クラゲが浮いているような、ドロドロとした所だけに、高天原の神様が、男神(おがみ)の伊邪那岐(いざなぎ)と、女神(めがみ)の伊邪那美(いざなみ)に、「住めるように、固めてきなさい」と仰って、天沼矛(あめのぬぼこ)を渡します。

伊邪那岐と伊邪那美が、天と地の間に架かる天浮橋(あめのうきはし)まで来て、天沼矛をドロドロとした地上へ下ろして、コォロコォロと掻き混ぜました。

矛を持ち上げると、雫(しずく)が垂れて、落ちた雫が固まって出来たのが、穂之狭別島(ほのさわけじま)・淤能碁呂島(おのころじま)。

早い話が、現在の淡路島で、オニオンスープのような島。

伊邪那岐と伊邪那美が島へ降りると、天まで届くような神聖な柱と、立派な御殿を作って、柱の回りにタマネギを植えたのが、後々、淡路島の特産品になったそうで。

その後、伊邪那岐と伊邪那美は、結婚しようということになりました。

伊邪那岐は柱の右から、伊邪那美は左から廻って、顔を合わせた時、伊邪那美が「ほんまに、男前！」、伊邪那岐が「別嬪しゃん！」と言うと、蛭子(ひるこ)という、骨も無い、グニャグニャの子どもが生まれたので、葦の葉で編んだ船に乗せて、海へ流したそうですが、神様は残酷なことをするようで。

今なら、幼時虐待で逮捕されることは、間違い無い！

唯、海へ流された蛭子が戻ってきて、恵比寿様になったそうですが、これが間違い無いという証拠は、蛭子能収(えびすよしかず)という漫画家は、蛭子と書いて、「えびす」と読みます。

「何で、こんな子どもが生まれた？」と、天で占ってもらうと、「柱を廻って、顔を合わせた時、女が先に口を利いたから」と知れました。

これには、いろんな意見がありますが、「女性は、控え目にしなさい」という教えが含まれているように思います。

最近の女性は強くなって、結婚式の三々九度の盃も、堂々としているのは、新婦の方。

いろんなことで、新郎は疲れ果てて、ほんまの心労（※新郎）になっています。

昔、三々九度は、新婦が震えていましたが、今は堂々として、「（盃を突き出して）早う、注いで！　あァ、遅いわ。私、初めてと違うの！」。

「何遍、やってる？」と思いますが、お酒が盃に注がれたら、グゥ——ッと呑み干して、「あァ、菊政宗や！」と、銘柄を当てたりして。

伊邪那岐と伊邪那美が、占いの通りにすると、淡路島についで九州、四国、隠岐島、壱岐、対馬、佐渡島、本州が生まれ、大八島国（おおやしまぐに）となります。

その頃は、竹島も、尖閣諸島も、問題は無かったようで。

その後、家、川、海、風、山、船と、三十五の神様が出来ますが、火の神を産んだ時、伊邪那美が大火傷をして、黄泉の国という、死者の住む国へ旅立ってしまいました。

伊邪那岐は「火の神が生まれたから、愛する妻が死んだ！」と怒って、腰の剣を抜いて、火の神を斬ると、十六柱の神様が生まれましたが、どうやら神様は細胞分裂をするようで。

余程、妻を愛していたのか、伊邪那美を追い掛けましたが、地の底にある黄泉の国は、死者の住む、真っ暗な所で、この世との境目は、冷たい石の扉で遮ってあります。

岐「（扉を叩いて）この中に居るのは、わかっている。扉を開けて、出てきてくれ！」
美「いえ、ダメ！　黄泉の国の物を食べましたから、元の国へは戻れません」
岐「そこを、何とかならんか？　スタッフ細胞で、何とか！」
美「あれは、見込みがありません。それでは、此方の神様に聞いてみます。隣りに待合室がありますから、
　そこで待っていて下さい。必ず、扉は開けないで」
岐「よし、わかった！」

伊邪那岐は、待合室でコーヒーを呑んで、「週刊黄泉の国」という雑誌を読みながら待っていましたが、中々、伊邪那美が出てきません。

痺れを切らした伊邪那岐が、約束を破って、石の扉を開けると、中は真っ暗。

左の髪に刺していた櫛（くし）の歯を折ると、火を点けて、中の様子を見ましたが、どんなことになっていたと思います？

正解は、鶴が機織りをしていました。

嘘をついて、申し訳ありません。

火の灯りで見えた伊邪那美は、全身が腐って、蛆（うじ）が涌いて、頭、胸、腹、手、足から、八柱の雷神（いかづちがみ）が生まれて、怖い顔で、此方を睨んでいます。

腐り果てた妻の姿を見た伊邪那岐は、「わッ！」と言って、逃げたそうで。

こんなことを言うと、「男は薄情」と思うでしょうが、既婚者の男性は一度ぐらい、「逃げたい！」と思ったことがあるでしょう。

お風呂上がりの奥様が、鏡台の前へ座って、素顔に化粧水か乳液を付けている時、「おい！」と声を掛けて、「はい！」と此方を向いた時、「逃げたい！」と思ったことはありませんか？

女性の顔のことを言うと、反発を食らいますが、女性の顔の落語は一杯あります。

子「お母ちゃん、何をしてるの？」
母「今、お化粧をしてる」
子「何で、お化粧をするの？」
母「それは、綺麗になるために」
子「何で、綺麗にならんの？」

意味深な小噺でありながら、中々、良い所を突いています。

○「田中さんの奥さんが事故に遭って、顔が無茶苦茶になったそうで」
×「まァ、気の毒に」

○「手術で、元に戻ったそうで」
×「まァ、気の毒に」

上流家庭の奥様が、絵の展覧会へ来て、案内の者に尋ねています。

奥「この絵は、マチスでしょう?」
学「いえ、モネでございます」
奥「あァ、そう。此方は、ルノアールでしょう?」
学「いえ、モディリアーニでございます」
奥「あァ、そう。この面白い顔は、ピカソでしょう?」
学「いえ、鏡でございます」

こんな話をしていたら、明日の朝まで語っても終わりません。
とにかく、伊邪那岐が「わッ!」と言って逃げた姿を見て、伊邪那美が「約束を破って逃げるとは、何事!」と怒って、醜い女の鬼に「追い掛けなさい!」と命じました。
伊邪那岐が振り返ると、大勢の醜い女の鬼が追い掛けてきます。
髪を縛っていた蔓草(つるくさ)を解いて、投げ捨てると、辺り一面、野葡萄(のぶどう)の実が生えました。

それを見た醜い女の鬼は、追い掛けるのを止めて、野葡萄を食べ始めたそうですが、これが鬼の阿呆な所で。

犬にも似た所があって、「この葡萄は、食べたらあかん！」と言い聞かせて、近所へ用事に出て、暫くして帰ると、葡萄が一粒も無い。

部屋の隅を見ると、犬が小さくなって、「すまん！」という目をしています。

「阿呆！」と怒られて、頭の一つも叩かれたら、「もう、しません」という顔をして、涙目になりますが、また、次の日、桃の盗み食い。

犬に比べて、猿は賢くて、私は三重県松阪市の山の中に住んでいますが、秋になったら、猿が七十匹ぐらい、柿を食べに、山から下りてきます。

ウチの前の畑に、甘柿と渋柿の木が立っていますが、渋柿には見向きもしません。

甘柿だけを食べて、渋柿は持って帰って、吊るし柿にしているそうで。

話を、古事記に戻します。

葡萄を食べ終えた醜い女の鬼は、伊邪那岐を追い掛けました。

伊邪那岐が、今度は右の髪に刺した櫛の歯を折って投げて、地面に筍が生えると、女の鬼は追い掛けるのを止めて、筍を食べ出します。

鬼は、阿呆犬以上に学習能力が無いようで。

伊邪那美は、八柱の雷神に、千五百の軍隊を付けて、追い掛けさせました。

伊邪那岐は、腰の剣を振り廻して逃げて、この世と、黄泉の国の境にある、黄泉比良坂（よもつひらさか）の麓まで来て、桃の実を三つ投げると、「桃の皮の毛が刺さって、痛い！」と言って、雷神は一斉に退却。

伊邪那岐が、千人で運べるような大岩で道をふさぐと、伊邪那美も先に進むことが出来ないので、岩の向こうから、大声で叫びました。

美「こんな酷いことをなさるのなら、あなたの国の者を、一日に千人ずつ殺しますよ！」

岐「やれるなら、やってみい！　一日に千五百人ずつ、子どもを産ませるわ。阿呆ォ――ッ！」

昨今、日本は世界に誇る長寿国。

近年、有名になったのは、きんさん・ぎんさんという名古屋の双子のお婆ちゃんの、ぎんさんの四人娘で、「わしらは、死なないんだわ！」と仰っていました。

名古屋弁は面白い言葉で、エビフライのことを「エビフリャー」、カレーライスのことは「カレーリャース」、煙草のハイライトは「ヒャーリャート」。

一番下の妹が運転する車に乗って、四人の姉妹が月に一度、お寺参りをしていたそうで。

四人共、参ってもらってもいい年だけに、称賛に値します。

昔、世界最高齢で、ギネスブックにも載った、泉重千代という徳之島のお爺ちゃんに、インタビューした時のコメントが面白い。

美命言愛我那勢命為如此者汝國之人草一
日絞殺千頭尓伊耶那岐命詔愛我那迩妹命
汝為然者吾一日立千五百産屋是以一日必
千人死一日必千五百人生也故号其伊耶那
美神命謂黄泉津大神亦云以其追斯伎斯此三
字以音而号道敷大神亦所塞其黄泉坂之石者
号道反大神亦謂塞坐黄泉戸大神故其所謂
黄泉比良坂者今謂出雲國之伊賦夜坂也是

寛永版本『古事記』

テ「ギネスブックに登録されて、おめでとうございました」
重「はい、有難うございます」
テ「一つ、質問しますよ。理想の女性は、どんな方ですか？」
重「はい、年上の人」

生きたギャグとは、こんなことを言うようで。
お年寄りは、ネタの宝庫。
お爺ちゃんが、石にけつまずいて、ドタッ！
膝を摩（さす）りながら立ち上がって、三歩ほど歩くと、また、ドタッ！
年「あァ、痛い！　これやったら、さっき、起きなんだらよかった」
お婆ちゃんが、ケーキ屋のガラスケースの前で、ケーキを選んでいます。
婆「これと、これと、これと、これを下さい」
店「それでは、わかりません。宜しかったら、名前を言って下さい」

婆「はい、田中トメです」

話は、古事記に戻ります。

この世へ戻った伊邪那岐は、「死者の住む国へ行って、身が汚れた。水で洗って、清めよう」と、筑紫国・日向（ひむか）の小門（おど）の、阿波岐原（あわぎはら）という、清らかな泉が湧く所へ来て、禊（みそ）ぎをしました。

左目を洗うと、天照大御神（あまてらすおおみかみ）が生まれて、右目を洗うと、月読命（つくよみのみこと）、鼻を洗うと、須佐之男命（すさのおのみこと）が生まれます。

天照大御神は高天原、月読命は夜の国、須佐之男命は海を治めることになって、天照大御神と月読命は素直に従いましたが、須佐之男命だけ、言うことを聞きません。

須佐之男命は、高天原高校で最下位の成績で、内申書も最悪。

苛め問題は起こす、暴走族に入るという無茶者で、「お母ちゃんの居る、黄泉の国へ行きたい！」と、泣き喚きます。

伊邪那岐に「この国から、出て行きなさい！」と言われて、高天原の天照大御神の許へ行きましたが、田圃の畦を壊したり、溝を埋めたり。

機織りをしている御殿の屋根から、天縁駒（あめのふちごま）という馬の皮を剥いで放り込んだりしたので、天照大御神も怒って、天岩屋へ入って、扉を閉めてしまいました。

天照大御神が天岩屋へ入ると、天の高天原も、地上の葦原中国（あしはらのなかつくに）も暗くなって、今まで隠れていた悪い神様が、彼方此方で災いを起こします。

天安河に大勢の神様が集まって、対策検討会議を開くことになりました。

いつも物を考えて、一番智慧がある思金命(おもいかねのかみ)が、「暗闇で、長く尾を引いて啼く鶏を集めて、天岩屋の前で啼かせなさい。鍛冶屋の神様に矛を、鏡作りの神様に鏡を、玉作りの神様に長い玉飾りを作らせて、天宇受売命(あめのうずめのみこと)を踊らせるように」と言います。

天宇受売命が、天香具山に生えている葛(かずら)の蔓で、髪が乱れないように括り、サヤサヤと鳴るササラの葉を束ねて持って、天岩屋の前に設えた台へ上って、鶏の声を伴奏に、足を踏み鳴らして踊ると、着物の胸ははだけて、裾が乱れました。

これを見て喜んだのが、周りの男の神様。

「もっと、脱げ！」と囃し立てたのが、日本のストリップの始まりと言いますが、この説には反対意見も多いようで。

賑やかに騒いだことで、天照大御神も気になって、ソォ――ッと扉を開けて、外の様子を伺うと、天岩屋の前で、天宇受売命が陽気に踊っています。

傍に居る神様に、「一体、どうしたの？」と尋ねると、「天照大御神より尊い神様が、お越しになりました」。

「それは、どんな神様？」と、もう少し扉を開けた時、天照大御神の前へ、鏡を出しました。

天照大御神は太陽神だけに、光り輝いて、鏡へ映る姿は神々(こうごう)しい。

天照大御神は、今まで自分の姿を見たことが無かっただけに、光り輝く姿を見て、「まァ、神々しい！」と、扉を開けて、外へ出ました。

自分の姿が餌になって、自分が釣られたとは、鮎の友釣りと変わりません。

怪力の天之手力男命が、天照大御神の手を引っ張りましたが、「騙された！」と、気が付いた天照大御神が、天岩屋へ戻ろうとします。

この時、天之手力男命を手伝って、天照大御神を引きずり出したのが、レスリングの吉田沙保里さんだそうで、その功績が認められて、国民栄誉賞！

天照大御神が天岩屋から出ると、高天原も葦原中国も明るくなりましたが、罪を犯した須佐之男命が、千位の置戸という刑に処せられます。

千の台を並べて、一つずつ財産を載せて行く、つまり、全財産没収の刑罰。

須「鉛筆一本、爪楊枝、綿棒」
◯「そんなケチくさい物やのうて、金目の物や、ブランド物じゃ。ローレックスの時計、ダンヒルの財布、ルイヴィトンのバッグ、アルマーニのスーツ。それは、何じゃ？　何ッ、桂文我のサイン色紙か。それは一番値打ちがあるから、大事に扱え。全財産を出したら、リサイクルショップへ持って行け！」

全財産を没収された須佐之男命は、長い髭を切り取られ、手足の爪も抜かれて、高天原から追放されます。

天から下ると、出雲国の肥河の上流・鳥髪という所で、箸が流れてくるのが見えました。

「上流に、誰か住んでいるに違いない」と考えて、上流へ行くと、爺と婆と綺麗な少女が座敷の真ん中で、手を取り合って、泣いています。

須「私は旅の者で、ここに通り合わせた。何故、悲しそうに泣いておられる？」

足「私は大山津見神（おおやまつみのかみ）の倅・足名椎（あしなずち）、妻は手名椎（てなずち）、娘は櫛名田比売（くしなだひめ）と申します。私には八人の娘が居りましたが、高志（こし）という所に棲む、八岐大蛇（やまたのおろち）という怪物が、毎年のように来て、娘を一人ずつ食べてしまいました。今年も怪物の来る頃になりましたが、一番終いに残った娘まで食べられるかと思うと、悲しゅうて」

須「八岐大蛇とは、どんな怪物じゃ？」

足「それは恐ろしい怪物で、目は酸漿（ほおずき）のように、真っ赤。頭と尾が、八つもあります。胴は苔（こけ）が生（む）して、背中へ檜（ひのき）や杉が生えて、八つの谷と八つの山間（やまあい）を這って渡るほど長く、腹は血で赤く爛（ただ）れております」

須「よし、その怪物を退治してやろう。その代わり、娘を嫁にもらいたい」

爺「助けていただきましたら、喜んで、娘は差し上げます」

早速、櫛名田比売を櫛に変えて、須佐之男命の髪に刺しました。

屋敷の回りへ垣根を拵えて、八つの門の所へ、一雫呑んでも酔うような強い酒を入れた瓶を置いて、怪物が現れるのを待っている所へ、現れたのが八岐大蛇。

目を光らせ、苔生した胴体をくねらせて、垣根の向こうから出てきました。

三「おい、一の首」
一「何じゃ、三の首」
三「今年は、門を八つも拵えて、首が入り易くしてある。八岐大蛇と政治家は、接待が大好きじゃ。おッ、美味(うま)そうな匂いがする。あの酒樽には、上等の酒が入れてあるに違いないわ。（酒を呑んで）あァ、美味い！　一の首の酒は、美味いか？」
一「あァ、結構！　三の首も、この酒を呑め」
三「お前も、この酒を呑んだらええわ」
一「ローテーションを組んで、順番に呑め！」

ヘビー（※蛇）ローテーションという言葉は、これから始まった！

一雫呑んでも酔うような強い酒だけに、へベレケに酔ってしまいます。

八つの頭がバタバタ倒れて、高鼾(たかいびき)を掻き出したので、須佐之男命は腰の剣を抜いて、八岐大蛇の八つの頭を切り落とすと、流れ出た血で、肥河が真っ赤に染まりました。

八本の尾を切る時、剣の刃が真ん中辺りで、ポロッと欠けます。

「古道具屋で買ったのは、あかん」とボヤくと、尾から立派な剣が出てきました。

草薙の剣と言って、後に倭建命(やまとたけるのみこと)が、この剣で大活躍。

「天の姉に献上したら、喜ばれる」と考えて、天照大御神の許へ届けます。

約束通り、櫛名田比売を嫁にして、新居を構える所を探すと、空の果てに、白い雲が重なり合って、立ち上るのが見えました。

「ここへ来て、私の心は清々(すがすが)しくなった」と思ったことから、そこを須賀(すが)と呼ぶようになったという、日本の駄洒落は、ここから始まったそうで。

須佐之男命は八重垣を拵えましたが、その時に「八雲立つ　出雲八重垣　妻籠(つまご)みに　八重垣作る　その八重垣を」という喜びの歌を詠んだのが、和歌の元祖となります。

足名椎を宮殿の長官に据えて、櫛名田比売と幸せに暮らしましたが、後々、母・伊邪那美が居る、黄泉の国へ旅立ちました。

この後、須佐之男命の六世の孫が大国主神(おおくにぬしのかみ)で、これから因幡の白兎の話となるのは、次の巻！

二　大国主神の巻

大国主神は、大穴牟遅（おおなむじ）、葦原色許男神（あしはらしこおのかみ）、八千矛神（やちほこのかみ）、宇都志国玉神（うつしくにたまのかみ）という名前も持ちます。

私も芸名と本名があって、芸名は桂文我で、本名は綾小路雪麿。

往年のビッグスターで、『ダイアナ』を歌った、ディックミネの本名は、三根徳一。

徳一では、時代劇の按摩さんのようで。

和田アキ子の本名は、飯塚現子（あきこ）。

一寸聞くと、京塚昌子に似て、肝っ玉かあさんのようで。

大穴牟遅には、母親の違う兄弟が、八十人も居ました。

大穴牟遅の父親は、出雲の奥地の意宇（おう）川流域に住む、天之冬衣（あめのふゆきぬのかみ）という色男の神様で、彼方此方で種を撒き散らす、タンポポのような親父。

末っ子の大穴牟遅は、可愛らしく、たくましいので、一番可愛がりました。

これが兄の神様の気に障って、いつも大穴牟遅を苛（いじ）めています。

ある日のこと、タンポポ親父が皆を呼んで、「嫁をもらえ」と言い出しました。

早速、兄の神様が、嫁の候補をインターネットで調べて、因幡国に住む、別嬪で、頭脳明晰、今年のミス因幡に選ばれた、八上比売(やかみひめ)を見つけます。
皆で因幡国へ行くことになって、長旅に用意した物は、米、味噌、塩、コンビーフ、ボンカレー、カップヌードル、永谷園のお茶漬の素、松茸の味お吸い物に、テント、寝袋、釣り道具、バーベキューセットと、エベレストに登るような支度をしました。

兄「おい、大穴牟遅。荷物は、お前が持って行け！」
大「ヘェ」

大穴牟遅は、素直過ぎます。
大抵、「兄ちゃんの荷物は、兄ちゃんが持つべきや」と言いますが、素直に納得して、大穴牟遅が大きな袋を担いで、旅に出ることになりました。
兄の神様が、気多(けた)の岬まで来ると、皮を剥がれた兎が泣いています。

兄「コレ、兎。一体、どうした？」
兎「こんな情け無い姿になりましたが、元の毛皮に戻りとうございます」
兄「元通りの姿になりたかったら、海の水で体を洗って、山のテッペンで、風で乾かして、寝ていなさい」

娶布怒豆怒神此神名以音之女名布帝耳上神布帝
二字以音生子天之冬衣神此神娶刺國大上神之
女名刺國若比賣生子大國主神亦名謂大穴
牟遲神牟遲二字以音亦名謂葦原色許男神色許二字以音
亦名謂八千矛神亦名謂宇都志國玉神宇都志三
字以音并有五名故此大國主神之兄弟八十神
坐然皆國者避於大國主神所以避者其八十
神各有欲婚稻羽之八上比賣之心共行稻羽

寛永版本『古事記』

兄の神様に教えられた通りすると、前より痛んだので、今にも死にそうな声を上げて、山のテッペンから転がり落ちました。

私が幼い頃、山のテッペンから、兎が転がり落ちる所を見たことがあります。

私は三重県松阪市の山の中で育ったので、子どもの頃、兎捕りをしました。

兎捕りは二人組になって、山の斜面を横に通る道の下へ一人、上へ一人が隠れて、兎が道をピョンピョン跳んで来ると、下から「ワッ！」と、大声を出します。

兎は前足が短くて、後足が長いので、ビックリした時、上へ跳んで逃げる習性があるそうで。

必死に跳んで逃げる時、上で隠れていた者が、パッと顔を出して、「ワッ！」と言うと、兎は後ろへ倒れて、ゴロゴロと転がり落ちた所を、下の者が捕まえるという方法。

一遍、やってみては如何ですか？

話は、古事記に戻ります。

兎が泣いている所へ通り掛かったのが、私同様、心優しい大穴牟遅。

大「コレ、兎。一体、何で泣いている？」

兎「私は隠岐島に住む兎で、ワニザメを騙して、広い土地へ渡ろうと考えまして。『ワニザメと、兎の数を比べたい。ワニザメが、隠岐島から、気多の岬まで並んで、背中を踏んで数えたら、何方が多いかわかる』と言うと、騙されたワニザメは、波の上へ並びました。ワニザメの背中を踏んで、数を数えながら、岸へ着く間際で、『サメを騙したった！』と言ったのが、身の誤り。ワニザメに捕まって、毛皮を剥ぎ取られまして。痛くて、泣いていると、大勢の神様が通り掛かって、『海の水で体を洗って、風に吹かれたら治る』と仰いました。その通りにすると、傷が酷くなりまして」

大「自業自得とは言いながら、兄が酷いことを教えました。それでは、治る方法を教えましょう。真水と海の水が交わる所へ行って、真水で体を洗って、蒲の花の黄色い花粉を取って、地面へ撒いて、その上で転げ廻ると、元通りの毛皮になります」

この話を聞くだけでも、大穴牟遅は私同様、心が優しいことがわかります。

病人や、ケガ人が親切にされると、心の底から有難いと思うのは、当たり前。

とにかく、大穴牟遅に教えられた通りにすると、元の体に戻りました。

これが因幡の白兎で、兎神（うさぎがみ）とも呼ばれています。

喜んだ兎は、「あなたの兄は、八上比売を嫁にすることは出来ません。八上比売の婿になるのは、あなたです！」と、予言しました。

「兎追いし、彼の山。小鮒釣りし、彼の川」という歌を聞くだけで、ホッとしますが「兎追いし」を「兎は美味しい！」と思った人もあるようで。

世の中には、面白い聞き間違いもあって、大正十一年に発表された、野口雨情作詩・本居長世作曲の『赤い靴』という童謡も、「赤い靴、履いてた、女の子。異人さんに連れられて、行っちゃった」の、「異人さんに連れられて、行っちゃった」という所を、「曾祖父さんに連れられて、行っちゃった」と聞こえた人があったそうで。

噺家の後輩・桂米平さんは、体重百十キロで、楽屋の綽名が、百獣(※百十)の王。

往年のアイドル・キャンデーズの『微笑みがえし』の、「おかしくって、涙が出そう」という歌詞を聞いて、「若い娘が、『お菓子食って』とは、何じゃ！　『お菓子を食べて』と、丁寧に言え！」と、怒ったそうで。

ここまで聞き間違えるのは、病気のような気もします。

こんな勘違いは一杯あって、テストの珍解答が、勘違いの最たる物。

例えば、「四字の漢字の熟語を作れ」という問題で、「弱肉強食」が答えの時、肉と食だけが書いてあって、弱と強の所が、(　)になっていて、(　)へ弱と強を書くと、○がもらえますが、どういう訳か、「焼肉定食」と書いてしまいました。

答えが「七転八起」の時、七と八だけ書いてあって、転と起の所が、(　)になっていて、(　)に転と起を書くと、○がもらえますが、どういう訳か、「七泊八日」と書いたそうで。

世界史の問題で、「アメリカ大陸を発見した人は、(　)である」という問題が出て、(　)に「コロンブス」と書くと、○がもらえますが、ある人は「アメリカ大陸を発見した人は、立派である」と書いて、×を付けられました。

私なら、「この答えを書く神経は、立派！」と、◎を付けます。

もう一つは、日本史の問題で、「浄土宗を開いた人は、法然である」。

私の友達が、自宅で勉強をしながら、「浄土宗を開いた人は、法然。法然、法然。あァ、覚えにくい名前や。あァ、そうそう！　豊年サラダ油という、サラダ油がある。浄土宗は、サラダ油だ！」と覚えて、試験に臨むと、その問題が出ましたから、「ちゃんと、覚えてきてるわ。サラダ油、サラダ油。えェ、日清！」。

話は、古事記に戻ります。

兎に「八上比売の婿になるのは、あなたです！」と教えられた大穴牟遅は、兄の神様と一緒に旅をして、八上比売の所へ着くと、皆で求婚しました。

「きゅうこん」と言っても、グラジオラスや、ヒヤシンスではありません。

八上比売は、「あなた方のように、自分の荷物も持たず、兎に酷いことをする御方は、ダメ！　私は、大穴牟遅の嫁になります」と答えました。

それを聞いた兄の神様が、怒ったの、怒らんの！

つまり、怒りました。

日本語は難しくて、「お腹が空いたの、空かんの」と言うと、お腹はペコペコ！

「頭が痛いの、痛くないの」と言うと、頭はガンガン！

もっと違う例が良ければ、幾らでも紹介します。

腹を立てた兄の神様は、大穴牟遅暗殺計画を企てました。

神様の意地の悪さは人間以上で、「自分は性格が悪い」と反省している方も、「神様に比べたら、大したことはない」と思っても、大丈夫！

出雲と伯耆（ほうき）の国境の、手間山という程良い高さの山に、巨大な赤い猪が棲んで、田畑を荒すことに困り果てていた村人が、兄の神様に猪退治を頼みに来ました。

村「特産品の梨ワインを差し上げますから、引き受けてもらいたい」
兄「梨ワインでは、あかん！」
村「ほな、梨ジュースと、梨ジャムを上げますから、引き受けて」
兄「他に、何か無いか？」
村「何も無し（※梨）！」

しょうもない洒落が気に入って、猪退治を引き受けます。
洒落が気に入っただけではなく、猪退治に託（かこ）つけて、大穴牟遅暗殺計画を実行しようという、往年のアルカポネのような作戦を考えて、手間山の麓近くまで、大穴牟遅を連れてきました。

兄「赤い猪が居るから、山の上から追い落とす。下で待ち受けて、生け捕りにせえ。こんな大仕事は、力持ちしか務まらん。これを務めたら、八上比売も喜ぶ。猪を捕まえ損ったら、お前を殺すぞ！」
大「ヘェ」

素直に聞いたのが大間違いで、兄が山の上から落としたのは、赤い猪ではなく、真っ赤に焼けた大石。

それを抱き止めた大穴牟遅は、真っ黒に焦げて、死んでしまいました。

伜が焼け死んだことを聞いた母親・刺国若比売命（さしくにわかひめのみこと）は、諦め切れないので、泣きながら高天原まで行くと、生き死にを司る神産巣日神に、「何とか、伜を生き返らせることは出来ませんか？　私の願いを叶えてくれましたら、好きなスマホを差し上げます」と、頼んだそうで。

神産巣日神は、欲しいスマホがあったようで、アカガイの討貝比売（きさがいひめ）と、ハマグリの蛤貝比売（うむがいひめ）を、下界へ遣わしました。

討貝比売が貝殻を削った粉を掻き集めて、蛤貝比売が粉を水に溶かします。

母乳のような液を拵えて、大穴牟遅の身体に塗ると、生き返って、歩き出したそうで。

ｉＰＳ細胞の手術も真っ青で、京都大学の山中教授が頭を下げたぐらい。

これを見た兄の神様が、怒ったの、怒らんの！

つまり、怒りました。

「何という、しつこい奴。次の手で、殺してしまえ！」と言うと、別の山奥へ連れ出して、大木の割れ目へ誘い込んで、楔（くさび）を引き抜くと、割れ目へ挟まって、蛸煎餅（たこせんべい）のように潰れて死ぬという計画を実行します。

刺国若比売命は、大穴牟遅の行方を捜して、大木の割れ目から出すと、神産巣日神に頼んで生き返らせましたが、「兄の近くに居ると、殺されてしまう。紀伊の国の植林の神・大屋毘古神（おおやびこのかみ）の許へ行きなさい」と教えました。

ところが、また、兄の神様が追い掛けてきます。

大穴牟遅を弓矢で射殺そうとしましたが、大木の蔭へ隠れ、木の股の間を潜り抜け、巧みに追手の目を掠(かす)めて、逃げて行きました。

何度も酷い目に遭う倅の姿を見て、母親の我慢も限界に達します。

刺「どこへ行っても、危ないことばっかり。ご先祖の須佐之男命が居られる、根(ね)の堅洲国(かたすくに)へ行きなさい。必ず、良い智慧を授けて下さる」
大「根の堅洲国の修業は厳しそうですが、母が仰るのなら、行きましょう！　八上比売を、お願いします」

母親に別れを告げた大穴牟遅は、地の底にある、根の堅洲国へ旅立ちました。

どんな手段で地の底へ行くのか、知りたいと思いませんか?

私が子どもの頃、人命救助のために活躍する、国際救助隊をテーマにした人形劇・サンダーバードという人気抜群のテレビ番組がありました。

大惨事を救助する機材を積んだ飛行機が、太平洋上の島から飛んできて、二十分ほどで解決するという、後から考えると不思議で、本当なら夢のようなことで。

宇宙ステーションのサンダーバード五号が大惨事をキャッチして、地球上の本部に知らせます。

サンダーバードの本部長は、元・宇宙ロケットの操縦士で、ケタ違いの大金持ちのジェフ・トレイシーで、五人の倅が、一人ずつ、スーパーメカを担当。

長男・スコットが、超高速で飛ぶサンダーバード一号に乗って、災害現場に急行。

現地の様子を知らせて、これから先の指令を出します。

二号はバージルで、災害を助けるメカを積んで、一号の後から飛んで行く。

三号は宇宙ロケットのアラン、四号は潜水艇のゴードン、五号は宇宙ステーションのジョンが担当して、時々、ジョンとアランが交替。

一号はプールが割れて飛び立って、二号は格納庫から出てくる時、周りのヤシの木が倒れて、滑走路を進んで、発射台が斜めになって、ジェット噴射で飛ぶ。

三号は展望台から飛び立って、四号は二号の装備に格納されて、五号は宇宙に居る。

これだけ短時間で、正確にサンダーバードの解説が出来る噺家も少ない！

二号の装備に格納されているジェットモグラタンクは、地面を掘り進むスーパーメカで、サンダーバードの中でも、人気抜群のメカ。

イマイ科学が売り出したプラモデルの中でも、人気ナンバーワンで、当時の値段は四百五十円。

一号と二号が二百五十円、三号が五十円、四号が二百円、五号は六百円で、一号から五号まで揃えたパノラマセットは、千八百円という高額商品。

もっと凄いのが、サンダーバード秘密基地。

二千二百円という破格な値段で、プラモデル屋のガラスケースの中で、光り輝いていました。

ペネロープ号、ゼロエックス号、エックスカーも紹介したい所ですが、古事記を忘れてしまうので、サンダーバードは、改めて、みっちり語りましょう！

話は、古事記に戻ります。

大穴牟遅は、根の堅洲国へ旅立ちましたが、流石に兄の神様も、ここまでは追えなかったようで、五月初め、須佐之男命の宮殿へ到着。

立派な門のチャイムを鳴らすと、インターホンから「ジャスト・ア・モーメント」という、可愛らしい女性の声。

宮殿から現れたのは、絶世の美女・須勢理毘売（すせりひめ）で、一目見るなり、大穴牟遅の身体へ電気が走ります。

須勢理毘売も大穴牟遅を見るなり、ビビッと来て、「結婚しよう」と、目と目で約束を交わしました。

八上比売という嫁が居るのに、他の女神と結婚の約束をするとは、流石（さすが）、タンポポ親父の伜で、見事な浮気者！

勢「お父様、立派な神様が来られました」

須「一体、誰じゃ？　おォ、大穴牟遅ではないか。わしより立派で、娘が惚れたような。わしは負けるのが嫌いじゃから、苛めてやれ！」

苛めは社会問題で、教育委員会も頭を抱えています。

ましで、子孫の大穴牟遅を苛めるとは、意地悪な神様と言うしかない。

須「おォ、大穴牟遅ではないか。長旅で、疲れたであろう。ヘビー級の、スイートルームが用意してある。リッツ・カールトンや、ウエスティンホテルもお辞儀をするぐらいの、ハイグレードじゃ」

大「あァ、有難い！（揉み手をして）ヘッヘッヘッ！　今日は、良えお天気で」

幇間のようにヘコヘコすると、寝室へ連れて行かれます。

須勢理毘売は「愛する人が危ない！」と思ったので、肩へ掛けていた蛇比礼という魔法の布を渡して、「危ない時は、この布を三度振って下さい」と教えました。

須勢理毘売から魔法の布を受け取って、部屋へ入った大穴牟遅は、ビックリ仰天！

スイートルームどころか、恐ろしい蛇がウヨウヨしている、不気味な部屋。

大「ヘビー級のスイートルームではなく、蛇級のスネークルームじゃ！」

こんな時、洒落を言っている場合ではない。

部屋の中には、ウジャウジャと蛇が居りましたが、須勢理毘売から受け取った蛇比礼を三度振ると、どの蛇も大人しくなったので、安心して休めました。

明くる朝、大穴牟遅が部屋から出てきて、洗面所で歯を磨いている姿を見て、須佐之男命はビックリしましたが、こんなことでは諦めません。

次の晩、百足と蜂の棲む部屋へ通しましたが、蛇比礼のお蔭で、無事に休めました。

これをヒントに開発されたのが、フマキラーとベープだそうで。

諦め切れない須佐之男命は、大穴牟遅を草原へ連れ出して、音を立てて飛ぶ鏑矢（かぶらや）を大空へ放って、「あの矢を取ってこい！」。

私が幼い頃、屋根の上へボールを投げて、下で見当を付けて、ボールをキャッチするという遊びをしましたが、難しかったことを覚えています。

屋根を転がったボールは、何方へ落ちてくるか、サッパリわかりません。

時々、猫や、屋根の上で昼寝をしていたオッさんが落ちてくることもありました。

屋根のボールどころか、広い草原へ落ちた矢を見つけるのは、本当に難しい。

矢を探す間、須佐之男命が草原へ火を点けて、証拠隠滅の完全犯罪を狙いました。

黒い煙と、赤い舌を出したような炎から、大穴牟遅は逃げることが出来ません。

大穴牟遅は「死ぬまで、死ぬまい」と思ったそうですが、それは当たり前。

大阪の気の短いオバハンが聞いたら、「何を、わかったことを言うてる。そんなことを考えてる暇があったら、早う逃げんかい！」と言うに決まっています。

その時、足元へ鼠が来て、「中は洞穴、がらんどう。入口狭くて、大丈夫」と教えてくれましたが、足元の下の穴の大きさが、サッパリわかりません。

「コレ、鼠。穴が大き過ぎたら、火が入る。小さ過ぎると、身体が入らん。穴は、大きいか、小さいか?」

と聞くと、鼠が「チュウ(※中)!」。

鼠の洒落交じりの教えを信じて、足元を調べると、がらんどうの洞穴。

そこへ隠れている間に、猛火が通り過ぎ、鼠が鏑矢をくわえてきました。

大難を救った功績で、それから大穴牟遅のお遣わしは、鼠に決定!

鼠が居なかったら、大穴牟遅は死んで、末裔も居ず、日本の未来も暗かった。

それを思うと、鼠に関係した物は、何でも大事にする方が宜しい!

敢えて言うと、私は鼠年生まれ!

気分が良くなった所で、鼠の落語を一つ。

鼠の仲間が集まって、「この中で、誰が一番偉い?」という話になった時、一匹の鼠が障子の桟を上って、一番上の桟で胡座を掻きました。

○「皆の者、頭(ず)が高いぞ。コリャ、控え居ろう!」
×「高い所で、偉そうなことを言うな。障子の桟へ座ってる奴が、何で一番偉い?」
○「あァ、戸の桟(※殿さん)じゃ!」

須勢理毘売は、「恋しい御方が殺された」と嘆くと、葬式の支度をして、草原へ出ます。

「今度こそ、大穴牟遅も参ったじゃろう」と、須佐之男命も様子を見に行くと、ブスブスと火が残っている焼け跡から、鏑矢を持った大穴牟遅が、ニコニコ顔で現れました。

呆れた須佐之男命は、大広間へ連れて行くと、頭の虱(しらみ)を取るように命じます。

大穴牟遅が須佐之男命の髪の毛を調べると、虱ではなく、百足(むかで)の巣。

寝起きで、雀の巣のような頭の人は居ても、百足の巣は酷過ぎます。

ここで、百足の落語を一つ。

百足は、七福神の毘沙門様のお遣わしとされています。

毘「コレ、百足。この手紙を、弁天さんへ届けてもらいたい」

手紙を持った百足は部屋を出て行きましたが、いつまで待っても帰りません。

毘沙門様が玄関へ行くと、まだ、百足がゴソゴソしています。

毘「コレ、百足。いつまで、グズグズしてる?」
ム「ヘェ、草鞋を履いてます」

須佐之男命の頭を見て、溜め息を吐くと、須勢理毘売が、ムクの木の実と、赤土をくれたので、口へ含んで、吐き捨てると、百足を噛んで、吐き捨てるように見えました。

勘違いをした須佐之男命は、「見所のある、可愛い奴」と思って、寝てしまいます。

大穴牟遅は、寝ている須佐之男命の髪の毛を束ねて、大広間の天井の横木へ括り付けて、五百人で、ようやく動かせるような大岩を大広間の前まで持ってくると、入口を塞ぎました。

須勢理毘売を背負うと、宝物の太刀・弓矢・琴も持ち出しましたが、気が急(せ)いて、琴を柱へぶつけると、大きな音を立てて、地面が地震のように揺れ出します。

「急がば廻れ」という言葉があるように、急いでいる時ほど、落ち着くべき。

世の中には、落ち着いて、スカタンをする者もあります。

東京の噺家で、師匠の家の庭木の枝を伐り落とす時、伐り落とす方の枝へ乗っていたので、枝と一緒に落ちて、足をくじいたという阿呆が居りました。

また、師匠が書いた手紙を、ポストへ投函してくるように頼まれたスタカンが、ついでに魚屋でシャケを買って、シャケをポストへ投函して、手紙を持って帰ったそうで。

こうなると、落ち着いていても、阿呆は何をするかわかりません。

大きな音で、目を覚ました須佐之男命は、髪の毛が天井に括られているだけに、直に追い掛ける訳にも行かず、髪の毛を解いている内に、大穴牟遅は遠くまで逃げてしまいました。

髪の毛を解いた須佐之男命は、風のように走り出して、この世と、根の堅洲国の境の黄泉比良坂まで行きましたが、これから先は行くことが出来ません。

遠くへ逃げて行く大穴牟遅へ、坂の上から「お前が持ち出した太刀と弓矢で、苛めた兄を山の果てまで追い払い、川の中へ落として、出雲の国を治めなさい。背負っている娘はくれてやるから、嫁にせよ。宇迦の山の麓辺りへ宮殿を建てて、娘と一緒に、末永く暮らすがよい」と言うと、男らしく、カラカラと笑ったそうで。

大穴牟遅は、その太刀と弓矢で、兄の神様を追い払って、誰も手向かう者が無くなった所で、出雲国を治める仕事を始めました。

この後、因幡の白兎の予言通り、八上比売と結婚しましたが、須佐之男命の娘・須勢理毘売も一緒に来ているだけに、間に挟まったプレーボーイは大弱り。

この時から、日本で男女の三角関係が始まったそうで。

八上比売と須勢理毘売が、火花を散らす一戦となる面白い話は、次の巻！

三　国譲りの巻

出雲国を治める仕事を始めた大穴牟遅は、因幡の白兎の予言通り、八上比売と結婚しましたが、須勢理毘売も一緒に来ているだけに、さァ、困った！

大「お互いに睨み合いをせんと、仲良く暮らそう」

須「阿呆なことを言いなはんな！　お父っつあんに言って、また、蛇や百足の居る部屋へ放り込んでもらいます。蛇比礼は貸さんから、泣き喚(わめ)いても知らん。猿の欠伸(あくび)のような顔の女と一緒になってるやなんて、阿呆らしい！」

八「誰が、猿の欠伸や！　自分も、烏がクシャミしたような顔をして」

須「何や、蜂の頭！」

八「何を言う、兎の尻尾！」

両方、至って、気が強い。

結局、須勢理毘売の方が強かったようで、出雲で婚礼まで挙げた八上比売が、因幡へ帰ってしまいました。

大穴牟遅には、他にも嫁が一杯居て、子どもも数えきれんぐらいあっただけに、真面目か、道楽者か、サッパリわかりません。

女子のことはともかく、大穴牟遅は国造りに精を出します。

美保の岬から、海の彼方を見ると、波頭が白く乱れる沖合から、天之羅摩船（あめのかがみぶね）という、ガガイモの莢（さや）が二つに割れた小船が近寄ってきて、ミソサザイの皮を着た、小人のような神様が乗っていました。

浜に上がると、ニコニコと笑っていますが、少しも物を言いません。

大「誰か、この神様を知っている者は居らんか？」
○「オラ、スラねえ」
□「見たことも、聞いたこともねえだ」
△「神様でのうて、ゴキブリの子でねえけ？」
☆「いや、芋虫の孫だんべ」

皆が集まって、不思議なことを言い合う所へ出てきたのが、一匹の谷グク。

つまり、蟇（ひきがえる）のことで、グゥグゥと谷で啼いているのが語源ですが、「この者は、かがしの久延毘古（くえびこ）さんが知っておりましょう」と言いました。

久延毘古は、崩れた彦と書く、身体が崩れた男だそうで。

雨風に晒（さら）されて、朽（く）ち果てた案山子（かかし）で、世の中のことは何でも知っている、偉い神様。

そんな者が真実を知っているのも不思議ですが、「能ある鷹は、爪隠す」と言うように、意外な者が、意外なことを知っていることもあるようで。

私が中学生の頃、友達の中で一番の阿呆と言われていた男が、強烈な智慧を出して、皆をビックリさせたことがあります。

賽銭箱の鍵を開けずに、お金を盗むことを、見事にやってのけました。

カブトムシの腹へ糸を結んで、神社の賽銭箱へソロソロ下ろして、カブトムシが底まで行くと、、暫く待って、ソロソロと糸を引き上げると、カブトムシが百円玉を抱いて上がってくるという工夫。

公衆電話に十円玉を入れて、電話をかけて、相手が出るか出ないかという時、公衆電話を横へ倒すと、十円玉は下へ落ちず、十円で長時間の通話が出来るというアイデア。

一番凄かったのは、ジュースの自動販売機。

細長い窓があって、お金を入れて、欲しいジュースを一本取り出すという機械で、つまり、細長い窓を開けると、ジュースの王冠が縦一列に並んでいるのが見えます。

お金を入れる前から、細長い窓は開くだけに、栓抜きを持って行って、一番下のジュースの王冠を抜いて、ストローで吸い取ることを思い付きました。

何度もやって、上手に吸い取れたので、我々にも勧めましたが、誰も真似をしません。

我々は自動販売機から離れた所で様子を見ていると、「ほんまに、根性の無い奴」と言いながら、意気揚々と犯行に及びましたが、ジュースを吸っている時、店のオバちゃんが出てきて、上から見下ろしました。

ジュースを吸うことに一生懸命で、オバちゃんが見下ろしていることに、気が付きません。

オバちゃんも辛抱の限界が来て、「阿呆か！」と言って、阿呆の頭を叩いた時、やっと気が付いて、下から「御馳走になっています」。

首筋を摑まれて、店の中へ連れて行かれて、コンコンと説教されている様子を、離れた所で見ていた我々は、面白いやら、阿呆らしいやら。

暫くの間、笑いが止まりませんでした。

ストローでジュースを吸う上から、頭を叩かれている姿は、血を吸っている蚊と同じ。

話は、古事記に戻ります。

久延毘古が大穴牟遅の所へ来る時は、案山子だけに、ピョンピョンと跳んできたのかも知れません。

大「其方が、かがしの久延毘古か？　この小さな者は、何者じゃ？」

久「神産巣日神の御子で、少名毘古那神（すくなびこなのかみ）と申します」

大「何ッ、神産巣日神の御子とな？　神産巣日神は、天照大御神より古い神様である。昔、兄に殺された時、生き返らせて下さった御方の御子であらば、大切に扱わねばならん。どうやら、迷子になられたようだ」

命の恩人の御子を連れた大穴牟遅は、高天原へ上ると、神産巣日神を訪ねました。

久「この御方は、神産巣日神の御子でございますか？」

神「大勢の中で、小さ過ぎて、指の間から零れ落ちた子どもです。とても賢い子どもですから、大穴牟遅と兄弟になって、国造りを進めなさい」

大「はい、承知しました」

二柱の神様が協力して、国造りをしましたが、仕事が終わらない内に、少名毘古那神は、海の向こうにある常世国（とこよのくに）へ行ってしまいました。

大穴牟遅は、少名毘古那神が居なくなったので、「自分だけでは、国造りがしにくい。誰か、助けてくれる神は居ないか？」と思っている所へ、海一面を光り輝かせながら、沖から近付いてきたのが、大物主神（おおものぬしのかみ）。

物「コレ、大穴牟遅。私を手厚く祀るならば、一緒に国造りをしてもよいぞ。大和国で、青い垣根のように取り囲む山々の、東のテッペンへ祀りなさい」

大「はい、承知しました」

大物主神は、大和国の御諸山（みもろやま）、現在の三輪山へ鎮座しました。

大穴牟遅は、大物主神の力を借りて、葦原中国を造りましたが、皆が身勝手に騒いでいる様子が、高天原まで聞こえるようになります。

高天原では、天照大御神が天安河で、「須佐之男命の無茶を止めた時に生まれた天之忍穂耳命(あめのおしほみみのみこと)が、下界を治めなさい」と仰いました。

天之忍穂耳命が、天と地の間の天浮橋へ来て、下界の様子を眺めましたが、「葦原中国で大騒ぎが起こって、国の中が乱れているような」と思って、高天原へ戻ってしまいます。

遣いに出て、用も足さずに帰るぐらい、情け無いことは無い。

用足しに行く、ケッタイな落語もあります。

旦「コレ、定吉。田中屋さんへ、用足しに行きなはれ」

定「へェ、行ってきます!」

旦「一寸、待ちなはれ! 定吉は、慌て者じゃ。用事を聞かん内に、表へ出て行ったわ。あァ、帰ってきた」

定「へェ、旦さん。田中屋さんへ行ってきましたけど、変わりはありませんでした」

旦「田中屋さんへ、手紙を持って行ってもらいたかったのじゃ」

定「田中屋さんやったら、今、行ったついでがあったのに」

微笑ましい話と言うと、それまでで。

ケチな旦那が、丁稚に用事を言い付ける落語もあります。

旦「コレ、定吉。床から、釘の頭が出てる。足を傷付けたり、着物を引っ掛けたら、具合が悪いよって、打ち込んでしまう。お隣りで、金槌を借りてきなさい」
定「へェ、行ってきます。（帰って）旦さん、行ってきました」
旦「お隣りは、貸してくれたか？」
定「いえ、貸してくれません。『金槌で叩くのは、竹の釘か？　鉄の釘か？』『鉄の釘です』『鉄の釘を叩いたら、金槌が減るよって、貸せん』と言うて」
旦「何ッ、金槌が減る？　そんなケチな奴から、借りるな！　ウチのを出して、使え」

話は、古事記に戻ります。

天之忍穂耳命は、天照大御神の遣いを果たせなかったので、天照大御神と高御産巣日神が、天安河に八百万神（やおよろずのかみ）を集めて、相談をしました。

天照大御神が「下界は乱暴な神様がはびこって、勝手に国を治めている。その上、消費税も上げてしまいました。言うことを聞かせるために、遣いを出しなさい！」と言うと、八百万神が相談の結果、天菩比神（あめのほひのかみ）が行くことになります。

天菩比神が、葦原中国へ行って、大穴牟遅に会って、驚きました。

天「大穴牟遅様こそ、国を治めるには最適な御方！　あなたのような立派な方は、高天原には居られません。此方に置いてもらえば、拭き掃き掃除、洗濯、飯炊き、子守、町内会の集まりと、どんな用事も致します。宜しかったら、寝間のお伽も。(笑って)ヘッヘッヘッ！」

何やら、幇間のようになってしまいました。

天菩比神は、大穴牟遅の傍でスリスリして、三年経っても帰りません。

こんなことは人間社会でもあることで、天台宗の開祖・最澄が、真言宗の開祖・空海の許へ、三人の弟子に密教を習いに行かせると、泰範(たいはん)という弟子が戻らず、空海の弟子になってしまったそうで。

人間世界と同じようなことが、神様の世界でもあるのが面白い。

とにかく、神様が集まって、また、会議。

会社の役員が株価の上げ下げを気にして、事ある毎に会議をするのと同じ。

困り果てた天照大御神が、一番智慧のある思金神に尋ねました。

天「下界へ遣いに出した天菩比神は、三年経っても帰りません。昔から、『石の上にも三年』と申します。石の上で座禅を組んで、修行をしてるのでしょうか？」

思「それは、達磨大師の専売特許で。仏教と神道は、仲良くしながら、相容れん所がある」
天「このまま、放っておけません。一体、誰を遣いに行かせば宜しい？」
思「天津国玉神（あまつくにたまのかみ）の子どもで、天若日子（あめのわかひこ）を遣いに出すのが宜しかろう」
天「はい、承知しました」

天若日子を呼んで、鹿狩りに使う天之麻迦古弓（あめのまかこゆみ）という弓と、天之波波矢（あめのはは や）という矢を渡して、下界へ行かせました。
下界へ下りた天若日子を接待したのは、大穴牟遅の娘・下照比売（したてるひめ）。

若「下界に、こんな別嬪が居るとは思わなんだ。酒の酌もしてくれて、良え塩梅。何が何やら、わからんようになってきた。酔っ払いは、何をするかわからんぞ！」

酔っ払いぐらい、質の悪い者はありません。
唯、酒呑み同士が呑んでいると、微笑ましい時もあって、若い酒呑みと、年配の酒呑みが居酒屋の隅で手を握って、涙を零しながら、約束をしていることがあります。

甲「あァ、嬉しい！　若い者が、年寄りの言うことを聞いてくれた。これからの日本は、あんたらに任せる！　どうぞ、年寄りの世話を宜しゅうに」
乙「此方こそ、お願いします。年配の方の苦労があってこそ、今の日本の平和がありますわ。末永う、教えていただきますように」
★「おい、店の大将。一寸、見てみい。向こうの隅で、年寄りと若い者が手を握って、涙ながらに約束をして。ほんまに、微笑ましいな」
主「あァ、放っときなはれ。あれは、親子ですわ」

天若日子は酒の勢いで、大穴牟遅の娘・下照比売と、ややこしいことになりました。嫁にすると、「あわよくば、わしが葦原中国を治めよう。ウッシッシッシ！」と、良からんことを企んで、八年経っても、高天原へ帰りません。

高天原は、サッパリ訳がわからないだけに、またまた会議。

とにかく、神様は会議好きですが、効果的な決定打が出ないのが、情けない。

困り果てた天照大御神が、「天若日子も、一向に戻ってくる気配がありません。いつまで下界で、グズグズしてるか、訳を聞きに行かせましょう。一体、誰が宜しい？」と聞くと、また出てきたのが思金神。

この神様は智慧があるそうですが、出したアイデアの効果が出ません。

思「どうやら、我々の仲間ではあかんような。この度は、生き物の力を借りよう」

これは名案で、人間の世界でも、警察犬の嗅覚で事件を解決することもあるし、麻薬の発見に、カナリアを使うこともあります。

サッカーの勝敗も、蛸に占わせるだけに、神様が生き物に頼るのも不思議ではない。

思「雉名鳴女(きじなきめ)という、速く飛ぶ雉(きじ)を遣いに出しなさい」

天「それは、名案！　雉名鳴女は、どこに居ります？」

思「丁度、呼んである。コレ、雉名鳴女。下界へ飛んで行って、『お前を遣いにやらせたのは、乱暴な神を説き伏せて、言うことを聞かせるためではないか。八年経っても帰ってこんとは、何事じゃ！』と、天若日子を叱ってきなさい」

鳴「（巻き舌になって）へイ、わかりやした。それじゃ、オイラが行ってきやしょう」

雉名鳴女は江戸ッ子のようで、巻き舌で言うと、高天原から下界へ下りました。

天若日子の家の入口近辺に立っている、繁った桂の木の枝へ停まると、思金神に教わった通り、「（巻き舌になって）おメエを遣えにやったのは、乱暴な神さんを説き伏せて、言うことを聞かせるためじゃねえか。八年経っても帰ってこねえとは、何事でえ！」と、一言も間違えず、繰り返します。

清水次郎長の家来・森の石松が、黒駒勝蔵の所へ遣いに行った時のような塩梅で、高天原から来たとは思えないような、荒っぽい言葉遣い。

この時、天若日子の傍に、天佐具売（あめのさぐめ）という、心の捩じれた召使いの女子が居て、雉の言うことを一緒に聞いて、告げ口をしました。

具「何と、縁起の悪い声で啼く鳥ですこと！　こんな鳥は、射殺した方が宜しいようで」

若「確かに、そうかも知れん。高天原を出る時、賜った弓矢があるから、これで射殺そう」

弓矢を射ると、雉の胸を突き通って、空高く飛んで行くと、天安河の天照大御神と高御産巣日神の足元へ落ちました。

高「天若日子に授けた矢と、同じ物じゃ。天若日子が悪い料簡でなければ、天若日子へ当たるな。命令に背く心であらば、矢に当たって、死んでしまえ！」

恐ろしい誓いを立てて、矢が飛んできた穴から下界へ投げ返すと、下界で昼寝をしていた天若日子の胸へ刺さって、死んでしまいます。

天若日子が死んだ後、妻・下照比売の嘆き悲しむ声が風に乗って、高天原まで届いたことで、高間原の天若日子の父や、昔の妻や子も下界へ下りて、一緒に泣きました。

葬式を出すまでに、喪屋（もや）という死人を寝かせる小屋を作ると、河の畔に棲む雁に、頭へ供物を乗せて運ぶきさり持ちを頼んで、掃除の箒を持つ箒持ちは鷺、供物を作る料理人にカワセミ、米搗きは雀、泣き女(め)は雉と、役を決めます。

葬式の役を、鳥に振り分けるのが面白い。

鳥の出てくる、ケッタイな小噺もあります。

甲「いつも巣に居らん鳥は、何や？」
乙「何やら、謎を掛けてきたな。巣が空やよって、烏（※空巣）やろ？」
甲「いや、違う」
乙「答えは、何や？」
甲「あァ、四十雀（※始終空）」

好き嫌いは別として、覚えていると、何かの役に立つかも知れません。

これから八日八晩、天若日子の魂を慰めるために、歌ったり踊ったりする所へ、悔みを言いに来たのが、阿遅志貴高日子根神(あじしきたかひこねのかみ)。

この神様の姿を見て、天若日子の父親や、昔の妻は、ビックリしました。

父「お前は、死んだはずじゃ！」

妻「あなたは、亡くなられたのではなかったのですか？（泣いて）ヨヨヨヨッ！」

阿遅志貴高日子根神に取り縋って、嬉し泣きをしました。

これは大間違いで、死んだ天若日子と、お弔いに来た阿遅志貴高日子根神が、瓜二つ。

死んだ者と間違えられた阿遅志貴高日子根神は、「仲の良かった友達が死んだから、悔みに来たのに、死者と一緒にするとは許せん！」と、カンカンに怒って、腰へ刺した長い剣を抜くと、喪屋を切り倒して、足で蹴飛ばしました。

蹴飛ばされた喪屋が、美濃国の藍見河（あいみがわ）の上流の喪山になったそうで。

悔やみの場で、アクシデントが起きることも、チョイチョイあります。

「噺家は、悔やみも上手でしょう」と仰る方も多いようですが、大間違い。

要らないことは幾らでもしゃべりますが、纏まった挨拶となると、下手の集まり。

「仰山、保険に入ってはったそうで」と言って、顰蹙（ひんしゅく）を買ったり、「故人が好きでしたから、お酒を呑んで下さい」と言われて、酒をガブガブ呑んで、「こんなことでも無かったら、良え酒は呑めん」と言ったりして。

ウルトラ級のしくじりもあって、世話になっている方が亡くなったと聞いて、香典を持って、飛んで行きました。

噺「この度は、何と申し上げて宜しいやら。これは、ご仏前に」

◯「ウチの人は、まだ生きてますの。お医者の先生の話では、今晩の二時ぐらいが危ないようで」
嘶「ほな、二時過ぎに寄せてもらいますわ」

話を、古事記に戻します。

天若日子の葬式に来た阿遅志貴高日子根神は、カンカンに怒って、走り去りました。

阿遅志貴高日子根神の妹が、亡くなった天若日子の妻・下照比売で、「高天原の者が、兄の名前も知らないのは残念」という意味の歌を詠んで、皆に知らせます。

高天原では、どの遣いも帰らないので、天照大御神は困り果てました。

照「もし、思金神。次は、誰を遣いに出しましょう?」
思「天安河の上流の天岩屋に、伊都之尾羽張神（いつのおはばりのかみ）という、剣の神様が居て、この役目は適任。都合が悪かったら、子どもの建御雷之神（たけみかづちのかみ）を行かせるのが宜しい。伊都之尾羽張神は、川の流れを塞（せ）き止めて、水を横へ引いているだけに、道が通れません。他の神様では行けないから、特別に天迦久神（あめのかくのかみ）を遣いに出すのが一番」

伊都之尾羽張神が、川の流れを塞き止めていたのは、何のためでしょう?

鰻を捕って、蒲焼にすると、ご飯に蒲焼を載せて、口の中へ放り込んで、「いつも、ほおばりのかみ」になっていたのかも知れません。

天迦久神が、伊都之尾羽張神を訪れると、「有難くお引き受けしますが、私より建御雷之神が役に立つと思います」と言って、子どもを差し出しました。

建御雷之神が、船の神・天鳥船神（あめのとりふねのかみ）と一緒に旅立って、出雲国の伊那佐（いなさ）の浜辺へ到着。

大国主神が、須勢理毘売を后にして住んでいた宇迦山の宮殿の近くで、腰へ吊るした長い剣を抜くと、波間へ柄を下にして突き立て、切っ先の上へ大胡座（あぐら）。

大国主神に、「天照大御神と高御産巣日神の命令を受けて、訪ねてきた。この国は、天照大御神の御子が治めると申しておられるが、どうじゃ？」と迫りました。

切っ先の鋭い剣の上へ胡座を掻くのは、中国雑技団でも無理。

唯、日本には、これに匹敵する奇術があります。

水着の美女を箱の中へ入れて、彼方此方から剣を刺した後、それを引き抜いて、箱の扉を開けると、水着の美女が傷一つ無く、ニコニコ顔で出てくるという奇術。

これを十八番にしていたのが、大阪の花月劇場へ出演していた、一陽斎蝶一という奇術師。

この奇術は、箱に剣を刺す場所があって、それを間違うと、大変なことになります。

ある日のこと、蝶一先生が、刺してはいけない場所に、剣を刺してしまいました。

箱の中で、水着の美女が「先生、痛い！」。

蝶一先生は知らん顔をして、箱の中の水着の美女に、「辛抱せぇ！」。

また、リングの周りへ布を付けた物を水着の美女が持って、リングを頭の上まで上げて、それを揺らしている内に、蝶一先生と入れ替わって、暫くして、リングを下へ落とすと、蝶一先生が両手を広げて現れるという、派手な奇術もあります。

蝶一先生は、水着の美女が好きで、奇術で使う音楽は、ポールモーリア・グランドオーケストラの『オリーブの首飾り』ばっかり。

地方の余興に呼ばれて、その町のホールで、この奇術を披露して、水着の美女と、リングの中で入れ替わる所までは、上手に行きました。

水着の美女が、リングを頭上へ上げた時、ホールの舞台の担当者が、奇術が終わったと思って、緞帳が下りるボタンを押したそうで。

先生がリングを落として、両手を広げた時は、緞帳が下りて、誰も見る者が無い。

お客も「何だかわからない内に、手品が終わった」と、首を傾げて帰ったと言います。

とにかく、建御雷之神のように、切っ先の鋭い剣の上へ胡座を掻くのは無理。

建御雷之神が、大国主神に国譲りを迫りましたが、高天原の神様が国を治めるか、下界の大国主神が治めるかという、これからの日本を左右することで、大国主神が如何なる決断を下すかという話は、次の巻！

四　天孫降臨の巻

建御雷之神が国譲りを迫った時、大国主神は年を取り、頭も禿げ掛かって、歯の具合も悪く、目も見えにくくなったので、「頭はカツラ、歯はインプラント、目も白内障の手術をしよう」と考えていた頃だったそうで。

顔の部品を題材にした落語も一杯ある中で、目に関する落語が一番多い。

ある人が「片目で暮らす者もあるし、両目が見えん人も居る。目が二つあるのは、贅沢じゃ！」と考えて、いざという時のために、右目に眼帯を懸けて、二十年間、左目だけで暮らしている内に、片目を酷使し過ぎたことで、見えにくくなってきました。

「この時のために、スペアの目が取ってある」と、眼帯を取り替えて、周りを見ると、世間は知らない人ばっかりだったそうで。

年を取った大国主神は、心細くなっています。

大「年寄りの一存では、申し上げられん。子どもの八重言代主神（やえことしろぬしのかみ）が答えるのが一番じゃが、御大（みほ）の岬へ出掛けておる」

雷「それでは、天鳥船神（あめのとりふねのかみ）に迎えに行かそう」

早速、連れ戻された八重言代主神が話を聞いて、「仰る通り、この国は差し上げます」。

若い頃の大国主神なら、「集団的自衛権を行使して、徹底交戦じゃ！」と言ったでしょうが、国会議事堂の前でデモをされるのも、支持率が下がると考えて、子どもの言うことに耳を傾けました。

八重言代主神は、船の上で呪（まじない）の儀式を行うと、姿を消してしまいます。

雷「まだ、他に相談をしたい子どもが居るか？」
大「建御名方神（たけみなかたのかみ）が、今、浜伝いに参りました」
雷「千人の力で動くような大岩を、片手で軽々と差し上げながら現れた者か？」
大「左様、左様」

世の中には、信じられないような力を持っている者も居ります。

私が高校生の頃、怪力の友達が、学生鞄の中から、電車の吊り革を出してきました。

毎日、同じ吊り革を引っ張り続けて、一ト月で引きちぎったそうで。

確かに、国鉄の古い車輌でしたが、腕力で吊り革を引きちぎるとは、天晴れな怪力。

そんな男は、他のことでも、ケッタイなことをするようで。

ある日のこと、ニコニコ顔で近寄ってきて、「八ミリ映写機に、胸が躍るフィルムを付けるから、二千円で買え」と言いました。

年賀状の配達のバイト代が入った時だったので、胸が躍るフィルムという言葉に釣られて、二千円を渡して、八ミリ映写機と、胸が躍るフィルムを買い取って、「夕方、教室で一緒に見よう」と言うと、「胸が躍るフィルムは、家へ帰って、一人で見んかい！」。

「それも、そうや」と思って、家へ帰り、一人で見て、驚きました。

胸が躍るフィルムとは、その男がオートバイに乗って、畑を走り廻っている映像。

腹が立ったので、苦情の電話をすると、「ほんまに、胸が躍ったやろ？　オートバイで畑を走り廻るのは、中国雑技団でも難しい技や」と言って、電話を切りました。

その後、暫くの間、その男が学校を休んだのは、なぜでしょう？

今、思い出しても、腹が立ちます。

また、怪力で思い出すのは、往年のプロレスラーのグレート・アントニオで、大勢の人を乗せたバスを、鎖で引っ張るというパフォーマンス。

動いたバスを見て、ビックリしましたが、リングで戦うと、直ぐに負けるので、「あの怪力は、何のためや？」と、ボヤいた者も多かったそうで。

怪力の話ではありませんが、強烈な力が加わっても大丈夫な品で、アーム筆入れという人気商品があったのを御存知でしょうか？

「象が踏んでも、壊れない」というのが売り文句でしたが、教室の机の足の下へ置いて、大勢が乗ると、バキッと割れました。

アーム筆入れの持ち主が、「象が踏んでも、壊れんはずや。アーム筆入れの阿呆！」と言って、泣き叫んでいた声が、耳の底に残っているという次第。

話は、古事記に戻ります。

千人の力で動くような大岩を、片手で軽々と差し上げながら現れたのが、建御名方神。

名「我が国に忍び込んで、コソコソとしゃべっている奴は、誰じゃ？　我が国を乗っ取るつもりなら、力比べで勝負をしょう。わしが先に、お前の手を握り潰すぞ！」

雷「よし、相手になろう！」

剣の切っ先へ胡座を掻いた建御雷之神の手を摑むと、建御雷之神は氷柱になって、鋭い刃に変わりました。

ビックリした建御名方神が尻込みをすると、建御雷之神が「今度は、わしの番じゃ！」と叫んで、建御名方神の手を握り潰して、投げ捨てます。

一目散に逃げ出した建御名方神を、建御雷之神が追い掛け、信濃の諏訪湖まで追い詰めて、やっと捕まえました。

名「命ばかりは、お助けを！　その代わり、信濃から出ないことを誓いますし、父や兄の言う通り、葦原中国は差し上げます。白旗、降参、ギブアップ、ジ・エンド！」
雷「しょうもない英語を使うな！　必ず、約束は守れ！」

建御名方神を屈伏させた建御雷之神は、大国主神の許へ帰りました。

雷「子どもは二人共、従うことになった。お前は、どうする？」
大「この国を差し上げることに依存は無いが、私が住むために、地の底まで柱が届き、高天原まで屋根が届くような、立派な神殿を造ってもらいたい。地の底の曲がりくねった道を辿って、黄泉の国へ身を隠す。百八十人の子どもが居るが、命令に背く者は居らんじゃろ。早速、黄泉の国へ参る。さよなら、グッドバイ、ツァイ・ツェン、アンニョンヒ・カシプシオ！」
雷「子どもより、訳のわからん言葉を使うな！　やっぱり、血は争えん」

建御雷之神は、大国主神のために、出雲の国の多芸志（たぎし）の浜辺へ神殿を建てると、櫛八玉神（くしやたまのかみ）を料理人に据えて、御馳走を供えます。
櫛八玉神は働き者で、鵜の鳥に変身して、海の底へ潜ると、泥をくわえてきて、八十の平らな器を作ったり、海の底から海草を取ってきて、臼や杵を作ると、臼を杵で打って、火を切り出して、お祈りの言葉の祝詞を上げました。

祝詞は、「ここで切り出す火の煙は、高天原の御殿の台所の煙出しの窓に、煤が一杯溜まるまで立ち上るように。地上では、竈の下の深い所にある土が焼け焦げて、岩のように固まるまで、燃やし続けましょう。海の底に網を引く漁師が捕った、口の大きな鱸（すずき）を、この火で料理した上、竹を張った台へ山盛りにして差し上げます」という意味。

早速、建御雷之神は、高天原へ戻って、葦原中国が穏やかになったことを報告します。

天照大御神と高御産巣日神が、改めて、天之忍穂耳命を呼びました。

天「葦原中国も穏やかになりましたから、下界で国を治めなさい」

忍「出掛ける支度をしてる間に、世継ぎの子どもが生まれました。番能邇邇芸命（ほのににぎのみこと）と言いますが、この子どもを代わりに行かせます」

天之忍穂耳命と万幡豊秋津師比売命（よろずはたとよあきつしひめのみこと）の二人の子どもの中で、天火明命（あめのほあかりのみこと）の弟・天邇岐志国邇岐志天津日高日子番能邇邇芸命（あめにきしくににきしあまつひこひこほのににぎのみこと）。

日本の神様は、ややこしい名前ばっかり！

「あめにきしくににきしあまつひこひこほのににぎのみこと」とは、早口言葉のチャンピオンでも、三回言ったら、舌を噛みます。

古事記の落語で一番の難儀なことは、神様の名前を覚えること。

アッサリ言うと、番能邇邇芸命で、名前の意味は「天と国は豊かに栄え、日は高く輝き、稲の穂が瑞々(みずみず)しく実るように」だそうで。

葦原中国を治めるために、番能邇邇芸命が下界へ下ろうとした時、天の道が八方に分かれる大事な場所に、身体がキラキラ光って、上の方は高天原を照らし、下の方は下界を照らしている神様が立ちはだかります。

番能邇邇芸命が行きにくいことを察した天照大御神と高御産巣日神が、天宇受売命を呼びました。

天「天宇受売命は女神でありながら、歯向かう者に恐れを知らない、勇気のある神様。番能邇邇芸命が通る道を、誰が邪魔しているか、問い糺してきなさい」
受「はい、わかりました」

おしとやかな返事をした天宇受売命は、中々、芯が強い。

天照大御神が天岩屋へ隠れた時、扉の前で、着物が乱れるのも構わず、踊りを踊って、男の神様を喜ばせたという、日本のストリップの元祖のようなネエちゃん。

お釈迦様も、「女子は、外面如菩薩内心如夜叉(げめんにょぼさつないしんにょやしゃ)。顔と腹は、大違い」と仰っています。

可愛らしい女の子が、鬼のような顔になるぐらい、怖いことはありません。

そう考えると、和田アキ子が怒っても、「そんなもんか」で済んでしまいます。

天宇受売命が「あんたは、誰？　正直に言わんと、月に代わって、お仕置きよ！　嘗めたら、いかんぜよ！」と、いろんなフレーズを使って、問い糺しました。

猿「私は地上の神で、猿田毘古神と申します。日の神の御子が、下界へお下りになると聞きましたので、道案内を務めるために、お迎えに参りました」

受「早い話が、トラベラーズのツアーコンダクターですか？　ＪＴＢ？　近畿日本ツーリスト？　取り敢えず、呉々も宜しく！」

猿田毘古神の正体が知れると、番能邇邇芸命は下界へ下ることになりました。

お供を務めたのは、天岩屋の一件で手柄を立てた神々で、祝詞を唱えた天児屋命、布刀玉命、踊りを踊った天宇受売命、鏡を作った伊斯許理度売命、玉飾りを作った玉祖命。

また、一番智慧のある思金神、怪力の天之手力男命、御門を守る天石門別神を、身体は高天原に残して、魂だけを供に付けました。

八尺の曲玉という首飾りと、八咫の鏡と、八岐大蛇の尻尾から出た草薙の剣を、番能邇邇芸命に持たせます。

天照大御神が、「この鏡は、私の魂と思って、大事に祀りなさい」。

番能邇邇芸命は、お供の神々を従えて、高天原を後にすると、八重に棚引く雲の峰を押し分け、道を押し開いて、天の浮橋も渡りました。

天忍日命と、天津久米命という勇敢な神様が、矢を入れる筒を背中に付けて、頭が瘤になった太刀を腰に吊るすと、手に弓と矢を持って、案内します。

番能邇邇芸命は、彼方此方の土地を調べた結果、筑紫国の日向にある、高千穂の峰へ下りました。

番「ここは遠く海を隔てて、唐の国を望み、笠沙の岬を正面に見て、朝日の射す国、夕日の輝く国である。

此方こそ、宮殿を造るのに相応しい！」

地の底まで柱が届き、高天原まで屋根が届くような宮殿を造ったのが、日向の宮殿。

屋根を開閉式にしたくても、莫大な費用が掛かるので諦めました。

番「コレ、天宇受売命。道案内をしてくれた猿田毘古神は、其方が名前を問い糺した縁があるから、生まれ故郷の伊勢国まで随いて行きなさい。猿田毘古神の名前を、其方の家へ伝えて、祀るのじゃ」

猿田毘古神は故郷へ帰って、伊勢国阿坂で魚を採っている時、ヒラブ貝に手を挟まれて、溺れ、死んでしまいます。

「天から番能邇邇芸命を導いた神様が、貝に手を挟まれたぐらいで、溺れ死ぬとは？」と思いますが、凡人ではわからないような、特別の力が働いたようで。

猿田毘古神が溺れ死んだ伊勢国の阿坂は、私の家から、車で十分ぐらいの所。

近所に、岩内（ようち）という景勝地や、横滝寺があって、小学校の遠足のコースで、五年生の時、近くの白米城（はくまいじょう）という山城跡へも登りました。

私が通っていた松阪市立花岡小学校の遠足は、白米城へ登って、お弁当を食べるというコースでしたが、学校へ帰ってきた時は、ヘトヘト。

今なら、倒れる子が続出すると思いますが、我々が子どもの頃、白米城でキノコ狩りまでして、少しも休まなかったという記憶があります。

子どもの頃、阿坂が猿田毘古神が溺れ死んだ所ということだけではなく、猿田毘古神という神様の名前すら知りませんでした。

あれから四十年以上経って、もう一度、白米城へ登ってみたいと思いますが、付き合ってくれる方はありませんか?

話は、古事記に戻ります。

猿田毘古神を送って行った天宇受売命は、伊勢国へ到着すると、海の中の魚を集めて、「お前達は、番能邇邇芸命に仕えますか?」と聞くと、魚達は一斉に「お仕えします!」と答えましたが、海鼠（なまこ）だけが返事をしません。

天宇受売命は女神でも、気が荒い。

「この口は、答えが言えない口ですか！」と言うなり、紐の付いた小刀で、海鼠の口を裂いたことから、海鼠の口は裂けているような形になったそうで。

さて、番能邇邇芸命が、笠沙の岬を歩いている時、綺麗な少女に出会いました。

番「あなたは、誰方の娘ですか？」

木「私は、大山津見神の娘・木花之佐久夜毘売（このはなのさくやびめ）と申します」

番「あなたに、姉妹はありますか？」

木「石長比売（いわながひめ）という、姉が居ります」

番「あなたを嫁にしたいと思いますが、お気持ちは如何で？」

木「私からは、何とも言えません。お父様より、ご返事を申し上げます」

早速、遣いを出して、「姫を嫁にしたい」と申し込むと、大山津見神は喜んで、百ほどある机の上へ、山のように積んだ結納品を持たせて、木花之佐久夜毘売を嫁に出す時、姉の石長比売も一緒に随いて行かせました。

つまり、お父っつあんは娘を一度に片付けた訳で、在庫一掃、バーゲンセール。

姉は醜い顔だったので、番能邇邇芸命は一目見るなり、嫌になって、姉は帰して、妹だけを嫁にしました。

姉も欲しいと頼んだ訳ではないだけに、帰してしまう理屈は番能邇邇芸命にありますが、大山津見神は石長比売が帰されたことを恥ずかしく思って、早速、遣いを出します。

大「石長比売は、名前が示す通り、番能邇邇芸命の命が岩のように末永く、揺らがずに居られるように。木花之佐久夜毘売も名前が示す通り、桜の花の咲き匂うように栄えますように、誓いの儀式を行って差し上げました。石長比売をお帰しになりましたら、番能邇邇芸命の命は、脆(もろ)く、儚(はかな)い物になりましょう！」

何とも言えない、父親の恨みの籠もった言葉。

その後、木花之佐久夜毘売が、番能邇邇芸命の子どもを産む時が来ました。

木「いよいよ、あなたの子どもを産みます。この子どもは、日の神の御子。予め、私一人の子どもではないことを申し上げておきます」

番「予防線を張るような言い方をする所を見ると、私の子どもではないな？」

木「私を疑うのも、程があります！　私が産むのが、他の神様の子どもでしたら、お産が無事に済むとは思いません。あなたの子どもでしたら、どんな危ないことがあっても、無事に生まれましょう！」

昨今は、他人の子どもを宿しても、「あんたの子どもや！」と言う者も多いようで。

子どものことで、ややこしい話になる落語もあります。

正「お父さん、結婚をしたいと思いまして」
父「やっと、身を固める気になったか。お相手は、誰や？」
正「実は、隣り町の道子さんです」
父「あの娘は、あかん！　これには、深い訳がある。お母さんには、絶対に言うな。道子さんは、わしが若い頃、間違いで出来た子どもや。お前とは腹違いの兄妹になるから、結婚させる訳には行かん！　他の娘やったら、誰でも宜しい」
正「あァ、そうですか」
母「一寸、正夫君。何を、ショボンとしてるの？」
正「お父さんに、結婚を反対されました」
母「いつも、お父さんは『早う、結婚しなさい』と言ってるのに。お相手は、誰方？　田中の道っちゃんやったら、良えやないの」
正「それが、『他の娘は、誰でもええ。道子さんだけは、絶対にあかん』と」
母「それは、何で？」
正「お父さんに、『お母さんには、絶対言うな』と言われました」
母「構わんよって、言いなさい。えッ、まァ！　それは、ほんまか？　お父さんが、そんなことをしてたやなんて！　いっそのこと、道子さんと一緒になりなはれ！　この際、言うとくわ。あんたは、お父さんの子やないの」

こうなったら、何を信用していいのかわかりません。

話は、古事記に戻ります。

木花之佐久夜毘売は、出入口の無い、広い御殿へ入ると、内側から土を塗り固めて、お産の時、御殿に火を点けましたが、三人の子どもは無事に生まれました。

火が盛んに燃える時に生まれたのが火照命（ほでりのみこと）、次に生まれたのが火須勢理命（ほすせりのみこと）、終いに生まれたのが火遠理命（ほおりのみこと）。

火が燃え盛る危ない所でも無事に生まれたことで、間違い無く、番能邇邇芸命の子であることが証明されました。

弟・火遠理命は、別名・天津日高日子穂穂手見命（あまつひこひこほほでみのみこと）と言って、次の巻の主人公になります。

いよいよ海幸彦・山幸彦の登場となりますが、この続きは、次の巻！

五　海幸彦・山幸彦の巻

木花之佐久夜毘売が産んだ火照命は、「海で泳ぐ、ヒレの広い魚も、ヒレの狭い魚も、釣るのが仕事」と、古事記に書いてありますが、「ヒロメやカレイのような魚も、イワシやアジのような魚も」ということで、火遠理命が「山に棲む鳥や獣の毛が荒いのも、毛が柔らかいのも、捕まえるのが仕事」と書いてあるのは、「雀や熊や兎も」ということで。

気の短い大阪のオバハンが聞いたら、「早う言え、スカタン！」と、怒るでしょう。

世の中には、話が長くて、回りくどい者も居るようですが、噺家にも居ります。

月亭文都さんは、至って、話が回りくどい。

ある日のこと、噺家仲間の呑み会が深夜まで続いて、先輩の車で送ってもらうことになりましたが、文都さんの道順の教え方が回りくどくて、「どう行ったらええ？」と聞くと、「二つ目の信号を通り越して、三つ目の信号を過ぎたら、四つ目の信号がありまして」。

イライラした先輩が、「そんなことは、当たり前や！　四つ目の信号を、どう行ったらええ？」と聞くと、「いえ、三つ目の信号で曲がります」。

頭に血が上った先輩が、「四つ目の信号は、どうでもええ！」と言うと、返ってきた返事が、「その通り！」。

この時点で「張り倒したろか！」と思ったそうですが、「頭にきて、事故を起こしたらあかん」と思って、

「三つ目の信号を、何方へ曲がる？」と聞くと、ニッコリ笑った文都さんが、「右」。

「ほな、右へ曲がるか？」と聞くと、「右へ曲がらんと、左へ曲がります」。

先輩は頭の中が真っ赤になって、沸点の手前まで達しましたが、「頭の中が、メルトダウンしたらあかん」

と思って、頭の中へ冷却水を注入して、頭の温度が安定した所で、「左へ曲がって、どう行く？」と聞くと、

「真っ直ぐに行くと、突き当たりですわ」と、訳のわからないことを言い出しました。

「冷静に、冷静に」と、自分に言い聞かせた先輩が、「突き当たりの前で、どうしたらええ？」と聞くと、

「どうやら、道を間違えたみたいですわ」。

この時点で、車から下ろして、歩いて帰らせたそうで。

話は、古事記に戻ります。

兄・火照命は海幸彦、弟・火遠理命を山幸彦と呼びました。

今からは、火遠理命を山幸彦にして、話を進めます。

ある日のこと、山幸彦は「たまには、魚釣りがしてみたい」と思いました。

山「私が狩りに使う弓矢と、兄さんの釣針を交換しませんか？」
海「お前の弓矢と、私の釣針の値打ちは、ダイヤモンドと、炭団(たどん)ぐらい違うわ。嘘やと思ったら、『何でも
　鑑定団』の中島誠之助に聞いてみい」

物火遠理命者為山佐知毗古而取毛麁物毛
柔物尓火遠理命謂其兄火照命各相易佐知
用三度雖乞不許然遂纔得相易尓火遠理命
以海佐知釣魚都不得一魚亦其鉤失海於是
其兄火照命乞其鉤曰山佐知母己之佐知佐
知海佐知母己之佐知佐知今各謂返佐知之
時佐知二字以音其弟火遠理命荅曰汝鉤者釣魚不
得一魚遂失海然其兄強乞徴故其弟破御佩

寛永版本『古事記』

山「そんなことを言わんと、一寸だけ」
海「いや、あかん！　ダメ！　ノー！　キャンセル！　シャラップ！」

英語まで持ち出して、断ります。

山幸彦は何度も頼みましたが、兄は承知しないので、新発売のテレビゲームを、弓矢に付けて頼むと、しぶしぶ釣道具を貸してくれました。

ルンルン気分の山幸彦は、海で魚を釣りましたが、新発売のテレビゲームの操作は知っていても、釣針の扱い方は知りません。

初めて何かをする時、上手に行かないことも多いようで。

桂三象さんという奇人の噺家は、今年六十四才ですが、見た目は八十五才。

楽屋の仇名が「晩秋のコオロギ」で、今年の冬は、とても越せないという御仁。

生まれが四国山地の真ん中で、高知県高岡郡檮原(ゆすはら)町字越知面(あざおちめん)という、雪男やネッシーが棲んでいても不思議ではないような、日本最後の秘境。

高知市内から、バスで三時間以上掛かるという、物凄い所。

三象さんが幼い頃、この村の萬屋、つまり、コンビニの昔バージョンのような店へ、インスタントコーヒー・ネスカフェの瓶が一本迷い込んだのを、三象さんの父親が買いました。

瓶の裏に飲み方が書いてあっても、説明の字は目に入らず、取り敢えず、瓶一本分のネスカフェを、鍋に放り込んで、グツグツと炊いたそうで。

ここからが複雑怪奇になって、炊き上がったコーヒーを、おたまで、お碗に分けて、家族に配ると、箸が付いていて、餅が浮いている。

つまり、コーヒーを善哉のようにして食べた訳で、長い間、三象さんは、「コーヒーには、餅が付き物」と信じていたそうで。

何とも言えない、涙ぐましいエピソード。

話は、古事記に戻ります。

魚は一匹も釣れない上、大事な釣針を、海の中へ落としてしまいました。

夕方、家へ帰ると、兄が「山で使う道具は、狩りをする者に。海で使う道具は、釣りをする者に」という呪いを唱えて、「さァ、道具を取り替えよう」と、山幸彦に弓矢を返しましたが、釣針は返せません。

「釣針を、海へ落としてしまいました」と言って謝りましたが、「いや、返せ！」。

山幸彦は腰の剣を潰して、五百の釣針を作ると、ダイソンの掃除機まで付けて謝りましたが、受け取ろうとしません。

千の釣針を作って、特上牛肉一キロと、赤福餅を五箱付けましたが、「どうしても、元の釣針でなかったら、嫌！」。

山幸彦が海辺で嘆いている所へ、海の道案内を務める塩椎（しおつち）という、年寄りの神様が通り掛かりました。

塩「日の神の御子が、何で泣いておられる?」
山「兄の釣針を海へ落として、許してくれません」
塩「よし、良い手を教えてやる。細い竹を隙間無く編んだ、籠のような船へ乗りなさい。わしが船の後ろを押してやって、海の流れに従うと、魚の鱗のように立ち並んだ宮殿がある。海の神様・綿津見神(わたつみのかみ)の宮殿の門前へ行ったら、泉の傍の桂の木へ上って、待ちなさい。海神の娘が見つけて、良い手を教えてくれるじゃろ」
山「誠に、有難うございます」

塩椎の言う通り、船に乗って流れて行くと、立派な宮殿が現れたので、門前の桂の木へ上って待つと、海神の娘・豊玉毘売(とよたまびめ)に使われている女が、器を持って、水を汲みに来ました。泉に影が映っているので、上を見ると、若い男が木の上に佇んでいます。

女「お宅は、誰方でございますか?」
山「後で名乗りますから、水をいただきたい」
女「この器へ水を汲みますので、お待ち下さいませ」

冷たい水を器に汲んで渡すと、山幸彦は水を呑まず、首に掛けていた玉飾りの玉を口へ含んで、器の中へ吐き出します。
　玉は器に貼り付いて、女が取ろうとしても取れないので、玉が貼り付いたまま、豊玉毘売に渡しました。
豊「誰方か、門の外に居られるではありませんか？」
女「泉の傍の桂の木の上に、美しい、若い男の御方が居られます。姫の父上とは、月とスッポン。（口を押さえて）いえ、何でもございません。その御方が水を所望されましたので、汲んで差し上げましたが、お呑みにならず、器へ玉を吐き出されて、取ろうとしても取れないので、持って参りました」
豊「それでは、私が様子を見てきましょう。まァ、素敵な御方！」
山「おォ、別嬪さん！」
豊「どうぞ、木から下りて下さいませ」
山「はい、喜んで！」

古事記に登場する神様は、一目惚れで、相思相愛になる物語が多いようで。

宮殿へ戻った豊玉毘売は、父・綿津見神に「泉の傍の桂の木の上に、美しい、若い男の御方が居られます」と伝えると、綿津見神も外へ出て、山幸彦を見るなり、「おォ、日の神の御子じゃ！」と、気が付きました。

早速、山幸彦を宮殿へ案内して、アシカの皮を八枚敷いた上へ、絹の敷物を八枚も敷くと、上等のチーズケーキとコーヒーを出して、持てなします。

その後、日本の懐石料理、中華の満漢全席、フランス料理のフルコースを出すと、百もある机の上へ、結納の品物を積み重ねて、豊玉毘売を嫁に勧めました。

ところで、夢のような持てなしを受けて、嫁をもらった男性は居られますか？

大抵、相手の親にボロカスに言われて、やっと嫁にもらった方が多いと思います。

山幸彦は、豊玉毘売を嫁にもらうと、三年間、海の底の綿津見の国で幸せに暮らしましたが、ある晩のこと、生まれ故郷を思い出して、深い溜め息を吐いたのを、豊玉毘売に見られてしまいました。

溜め息を吐いたり、独り言を言うと、命取りになることもあります。

ある噺家の先輩が、不倫相手のマンションから出てきた時、交通事故に遭いました。

救急車で病院へ運ばれて、入院した後、意識が戻って、奥さんの顔を見るなり、不倫相手の名前を言ってしまったそうで。

後は如何なことになったか、ご想像下さいませ。

話は、古事記に戻ります。

明くる朝、豊玉毘売は、父・綿津見神に言いました。

豊「三年間、一緒に過ごしましたが、今まで悲しい顔をなさったことがございません。夕べ、深い溜め息をお漏らしになりまして。何か、深い訳があると思います」

綿「婿を呼んで、胸の内を聞いてみよう。山幸彦、此方へ来なさい」
山「はい、美味しいチーズケーキがございますか？」
綿「余程、あのチーズケーキが気に入ったようじゃ。夕べ、初めて溜め息を吐いたそうじゃが、何か訳があるか？　ついでに、この国へ来た訳も聞かせておくれ。何ッ？　兄の釣針を落として、どれだけ謝っても堪忍してくれん。そんな訳があったとは、一寸も知らなかった。海の中の魚を集めて、聞いてみよう。皆、寄ってこい！」

鶴の一声どころか、海神の一声で、海の中の魚達が集まりました。集まり過ぎて、その日は魚が一匹も取れず、魚屋が休んだという話で。

綿「皆、此方へ集まれ。この中に、山幸彦の釣針を取った魚は居らんか？」
○「真鯛の鯛吉が、『喉へ棘が刺さって、何も食べられん』と、ボヤいてます」
綿「鯛吉は、どこに居る？」
鯛「はい、ここに居ります」
綿「もっと、前へ出なさい」
鯛「私は、後ろの方で結構です」
綿「そんな消極的な態度で、荒海を渡って行けるか。お前は、気持ちが腐っている」

鯛「はい、『腐っても、鯛』と申します」
綿「しょうもないことを言わんと、前へ出なさい。早速、お前の喉を覗いてみる」

鯛吉の喉の奥を調べると、探していた釣針が見つかりました。
早々に取り出して、洗い清めて、山幸彦に渡します。

綿「国へ帰って、兄に釣針を渡す時、後ろ向きになって、『ふさぎ釣針、せっかち釣針、びん釣針、おろか釣針』と呪いの言葉を唱えたら、魚は釣れんようになる。兄が高い土地へ田圃を作ったら、低い土地へ。低い土地へ田圃を作ったら、高い土地へ作りなさい。わしは、水を自由に操れる神じゃ。兄の田圃へ、水が行かないようにする。三年で兄が貧乏になって、腹を立てて、殺そうとしたら、この満ち潮の玉を出しなさい。潮が満ちて、溺れる。謝ったら、此方の引き潮の玉を出しなさい。潮が引いて、助かる。これを繰り返したら、兄も無理は言わなくなるから」
山「誠に、有難うございます」
綿「仰山、ワニが集まったな。日の神の御子がお帰りになるが、何日で送って帰れる？　一匹ずつ、答えなさい」

ワニは大きなサメのことで、綿津見神の命令で、海の中から集まったので、この日はカマボコの材料が手廻らず、豊橋辺りの蒲鉾屋が難儀をしたそうで。

両手を広げた長さを一尋（ひとひろ）と言いますが、八尋（やひろ）のワニは「八日」と言い、三尋（みひろ）のワニは「三日」、一尋のワニは「私は身が軽いので、一日で帰ります」と言いました。

綿津見神は「それでは、一尋ワニが送りなさい。海を渡る間、怖い思いをさせてはならん！」と命じると、一尋ワニは山幸彦を乗せて、一日で陸へ運びます。

一尋ワニが帰る時、山幸彦が身に付けていた小刀を首へ付けてやったので、今でも一尋ワニのことを、小刀（さい）を持つ神・佐比持神（さいもちのかみ）と言うそうで。

これは、本当の話！

こんなことも入れないと、この落語の信用が無くなります。

故郷へ帰った山幸彦は、綿津見神に教えられた通りの呪いをして、兄に釣針を返すと、綿津見神の言う通り、兄は次第に貧乏になって、山幸彦を殺そうと攻めてきました。

綿津見神に教わったことを繰り返して、兄を懲らしめると、「どうか、許してくれ。これからは、昼も夜も、弟の宮殿の番をする」と言って、謝ります。

その後、綿津見神の娘・豊玉毘売が山幸彦の所へ来て、「日の神の世継ぎの御子を産みますが、海の国で産むのは勿体無いと思いまして、此方まで参りました」と言ったので、海岸の波打ち際に、鵜の鳥の羽根を屋根へ乗せて、産屋（うぶや）を造り始めました。

茅草で葺くのは間に合わないので、鵜の鳥の羽根を使いましたが、それでも間に合いません。

屋根を葺き終わらない内に、豊玉毘売は産屋へ入ります。

豊「お産の時は、故郷の姿形に戻ります。決して、御覧にならないで下さい」

山「必ず、覗かんよって、安心しなはれ」

ここが古事記の面白い所で、「必ず、覗かん！」と誓った神様に限って、内緒で覗くことになるようで。伊邪那岐と伊邪那美の時も、黄泉の国まで追い掛けてきた夫・伊邪那岐が、この世と、黄泉の国の間の扉の前まで来ると、伊邪那美が「あなたと会うために、此方の神様に聞いてみますから、絶対に扉を開けないで」。

伊邪那岐が「必ず、開けん！」と言いましたが、辛抱が出来なくなって、扉を開けて、櫛に火を点けて、灯りにして覗いたら、伊邪那美の身体が腐って、恐ろしい顔の雷神が、肩や腕に乗って、睨み付けていたので、伊邪那岐は逃げ出しました。

山幸彦も、同じことをしてしまいます。

男の神様が「必ず、覗かん！」という言葉ぐらい、信用が出来ないことは無いようで。

山幸彦が産所を覗くと、豊玉毘売の身体は、長さが八尋もある、恐ろしいワニに変わって、腹這いで、のたくっていましたので、ビックリして、逃げ出しました。

怒った豊玉毘売は、「海の道を通って、綿津見の国と、此方の国を行き来して、人間も行き来させようと思いましたが、私の姿を見たから、ダメ！」と言うなり、生まれた子どもを残して、故郷の綿津見の宮殿へ帰ると、海と陸の国の境目を塞いでしまいます。

この時、生まれた子どもは、鵜の羽根で屋根を葺く間も無かったので、天津日高日子波限建鵜葺草葺不合命（あまつひこひこなぎさたけうかやふきあえずのみこと）と言いますが、敢えて、苦情を言うと、もう少し、言い易い名前にしてもらいたかった！

この名前を覚えるだけでも、悪戦苦闘！

他の所を忘れそうになるし、名前が言えるかどうかが心配で、夜中に何度も目を覚ますし、言い間違えて、「しっかりせえ！」と、お客様に叱られる夢を見ることもあります。

もっと簡単に、「鵜の羽根で、葺けなんだの命」にしてもらいたかった！

綿津見の国へ帰った豊玉毘売は、夫や子どもに会えなくなったことを悔みます。

子どものお守りに、山幸彦の許へ妹・玉依毘売（たまよりびめ）を行かせて、「赤い玉を貫く紐さえ、キラキラ光って美しいが、白い玉のように輝いた、あなたのお姿は忘れられません」という歌を伝えました。

山幸彦も「沖に住む、鴨が集まる島。あの遠い綿津見の宮殿で、仲良く暮らした恋しい妻を、生きている限り、どうして忘れられようか」という歌を返しましたが、こんな歌を返すぐらいなら、嫁との約束を破らなかったらいいと思います。

山幸彦は、別名・彦火火出見命（ひこほほでみのみこと）と言って、高千穂の宮殿で、五百八十年も国を治めました。

この後、天津日高日子波限建鵜葺草葺不合命は、子どものお守りに来た豊玉毘売の妹と結婚して、五瀬命（いつせのみこと）、稲氷命（いなひのみこと）、御毛沼命（みけぬのみこと）、若御毛沼命（わかみけぬのみこと）を授かります。

御毛沼命は、海の白い波の穂を踏んで、常世の国へ渡り、稲氷命は母の国を訪ねて、海の向こうへ旅立ちました。

末の弟・若御毛沼命は、別名・神倭伊波礼毘古命（かむやまといわれびこのみこと）と言って、次の巻の主人公になります。

言いにくい神様の名前を言い終えて、ホッとした所で、次の巻！

六　神武天皇の巻

日本最古の歴史書・文学書の古事記を、落語仕立てで語るのも、日本の歴史年表に載る時代の物語に移りますが、神話の世界を引きずっているだけに、「日本の国の始まりは、そんなことやったかな?」というぐらいの気持ちで、お付き合い下さいませ。

「そんなことやったかな?」と言えば、ネス湖のネッシー、屈斜路湖のクッシー、チベットの雪男、空飛ぶ円盤、口裂け女、ツチノコは、どこへ行ったのでしょう?

私が生まれ育った三重県松阪市の夕刊三重という新聞に、毎年、「ツチノコを見た!」という記事が載りましたが、結局、「普通のヘビが、カエルを呑み込んで寝ている姿が、平べったく見えただけ」という感じで、話題が収まることの繰り返し。

幼い頃、山の中の広っぱで野球をした帰り、お地蔵さんの祠の上に、ツチノコが載っているのを見たことがありますし、不思議なことと言えば、火の玉も、夜中、祖母と一緒に墓場の横を通った時、白い火の玉が灯っては消えるのを見たことがあります。

火の玉は青白いと言いますが、私が見た火の玉は白色で、フッと灯っては消え、また、フッと灯るという感じでした。

もう一度、川の畔の土手を真っ赤な火の玉が転がるのを見た時、祖母が「あれは、タヌキや」。

私の村では、赤い火の玉をタヌキと言いましたが、大人になってわかったことは、赤いのはキツネで、タヌキは緑ということですが、如何でしょうか?

話は、古事記に戻ります。

日向国高千穂の宮殿で国を治めていたのは、兄・五瀬命と、弟・神倭伊波礼毘古命でしたが、「世の中を安穏にするため、東に宮殿を移そう」と相談をして、筑紫国へ向かいました。

豊国(とよくに)の宇佐へ着いた時、兄・宇沙都比古(うさつひこ)、妹・宇沙都比売(うさつひめ)という兄妹が、川の畔へ宮殿を建てて、御馳走を差し上げます。

その後、筑紫国・岡田宮(おかだのみや)で一年、阿岐(あき)国・多祁理宮(たけりのみや)で七年、吉備国・高島宮(たかしまのみや)に八年も足を止めました。

神様は何年も居候することを、何とも思わないようで。

三十年ぐらい前、友達が「親の家を飛び出してきたから、居候させてくれ」と言って、ウチで居候を決め込んだことがありますが、十日後、「こんな退屈な家は、とても居られん!」と言って、出て行きました。

私の友達に比べると、神様は我慢強いかも知れません。

この後、船で東の方へ旅立ちましたが、潮の流れの速い速吸門(はやすいのと)まで来た時、亀の甲に跨がって、釣りをしながら、両袖を振って、鳥が羽ばたくような恰好で、此方へ来る者が居ります。

伊「お前は、誰じゃ?」

宇「この土地の神で、宇豆比古（うずひこ）と申します」
伊「この辺りの海の道を、よく知っているか？」
宇「はい、存じております」
伊「其方は、私に従う気は無いか？」
宇「はい、お仕え致します」
伊「船の上へ引き上げて、槁根津日子（さおねつひこ）という名前を与えよう」

吉備国から、波の荒い難波（なにわ）の波速（なみはや）の渡（わたり）、波が穏やかな河内国・白肩（しらかた）の港へ着くまでは無事でしたが、その後、大和国の登美（とみ）に住む登美毘古（とみびこ）、別名・那賀須泥毘古（ながすねびこ）が軍隊を従えて、戦いを挑んできました。

岸へ下りて、那賀須泥毘古の軍隊を楯で防いだことで、この土地を、楯津（たてつ）・日下（くさか）の蓼津（たでつ）と呼ぶようになったそうで。

那賀須泥毘古の放った弓矢が、兄・五瀬命の腕に刺さったことで、「日の神の御子が、日に向かって戦ったから、那賀須泥毘古から傷を受けた。これからは敵の後ろへ廻り、日を背にして戦おう！」という誓いを立てました。

船で南へ廻った海で、傷口の血を洗い清めたことから、この土地を、血沼（ちぬ）と呼ぶようになったと言います。

五瀬命の傷は酷くなって、紀伊国・男之水門（おのみなと）へ着いた時、「あのような者から傷を受けて、死ななければならないとは！」と叫んで、息が絶えました。

兄を亡くした伊波礼毘古命は、軍隊と南へ廻って、熊野の村へ着いた時、大きな熊が現れてから消えましたが、この熊は熊野山に棲む、力のある神様。

熊の毒気に当たった伊波礼毘古命は、気を失うと、兵隊も次々に倒れます。

そう言えば、数年前、栃木県宇都宮市で、熊の面白いニュースがありました。

宇都宮市内の家へ、三人の強盗が押し入って、金品を盗んで、車で逃げましたが、犯行が警察へ知れて、パトカーやヘリコプターで追跡されたので、日光近辺まで逃げたそうで。

逃げ切れないと思った強盗は、車から降りて、山道を走って逃げた後を、警察官が追い掛けると、三人の強盗の前に現れたのが、大きな熊。

前は熊、後ろから警察官が迫った時、三人の強盗は「前に進むと、熊に襲われる。警察に捕まっても、命を落とすことは無い」と考えて、お縄になりました。

こうなると、熊に警視総監賞を与えてもいいでしょう。

話は、古事記に戻ります。

熊の毒気に当たって、気を失った伊波礼毘古命の許へ、高倉下（たかくらじ）という者が来て、一振りの剣を奉りました。

剣の力で目を覚ました伊波礼毘古命が、高倉下の剣を受け取ると、不思議なことに、熊野の山に住む荒神が自然に切り倒されて、倒れていた兵隊も起き上がります。

伊「如何にして、この剣を手に入れた？」

者穿高倉下之倉頂自其墮入故阿佐米余玖
自阿下五字以音汝取持獻天神御子故如夢教而旦見
己倉者信有横刀故以是横刀而獻耳於是亦
木大神之命以覺白之天神御子自此於奥方
莫使入幸荒神甚多今自天遣八咫烏故其八
咫烏引道從其立後應幸行故隨其教覺從其
八咫烏之後幸行者到吉野河之河尻時作筌
有取魚人尒天神御子問汝者誰也答曰僕者

寛永版本『古事記』

高「私が見た夢の中に、天照大御神と高御産巣日神が現れて、建御雷之神に、『豊葦原の国は騒がしく、国が乱れており、我々の子孫も病気になり、困っておるような。葦原の国は、大国主神の時、此方が鎮めてきたから、この度も行っておくれ』と仰ると、建御雷之神は『私が出掛けずとも、その国を平定した剣があるから、高倉下の住む倉の屋根へ穴を開けて、落としましょう。コレ、高倉下。朝、目を覚ますと、縁起の良い剣を見つけるから、日の神の御子に差し上げるがよい』と仰いました。朝、倉を見に行くと、剣があったので、お持ちした次第です」

この剣の名前は、佐士布都神・甕布都神・布都御魂と言って、石上神宮に鎮座してるそうで。

伊波礼毘古命は、高倉下に「私の夢にも高御産巣日神が現れて、『この奥には悪い神が居るから、深入りしてはならん。八咫烏という烏が道案内をするから、烏の飛ぶ後を随いて行きなさい』と教えて下さった」と言いました。

八咫烏は、足が三本ある烏で、大きな烏という意味だそうで。

八咫烏に随いて、吉野河の川上へ上ると、竹で編んだ籠で魚を採る贄持之子や、光る井戸の中から現れた、尻尾のある井氷鹿や、深い山中で大岩を押し分けて出てきた、尻尾のある石押分之子に出会いました。

深い山奥の道の無い所に道を造りながら、宇陀へ出ると、宇迦斯という兄弟が道を塞いでいたので、八咫烏を遣いに出して、「日の神の御子に仕えるか？」と尋ねると、兄・宇迦斯は鏑矢を放って追い返した後、軍隊を集めます。

ところが、兄・宇迦斯の味方に付く者が少なかったので、兄・宇迦斯は「お仕えします」と嘘の返事をして、立派な御殿を建て、部屋の屋根が落ちる罠を作って、伊波礼毘古命が来るのを待ちましたが、弟・宇迦斯が伊波礼毘古命の所へ来て、兄の計略を教えました。

道臣命（みちのおみのみこと）と大久米命（おおくめのみこと）が、太刀の柄を握り、弓に矢をつがえた所へ、兄・宇迦斯を呼んで、「貴様が建てた御殿で、どのような持てなしをするか、見せてみろ！」と迫って、御殿に追い込むと、兄・宇迦斯は自分が作った罠で押し潰されます。

見せしめに死体を切り刻んだので、その土地を、宇陀の血原（ちはら）と呼ぶようになったそうで。

伊波礼毘古命は、弟・宇迦斯が献上した御馳走を、兵隊に配ります。

宴会を開いて、味方の勝利を祝う歌を歌うと、一同が囃して、笑いました。

スポーツの世界は、優勝パーティで、ビールの掛け合いをすることもありますが、あれも賛否両論。

「苦労して、優勝を勝ち取った。それぐらいのことは、させてやれ」と言うのがファンの意見ですが、「あれは、勿体無い。そんなことをするぐらいなら、東北へ送ってやれ！」と言う者もあります。

噺家の桂三歩さんは、至って、ビール好き。

「ビールの掛け合いをする時は、私の口へ放り込んでくれ！」と言って、それを聞いていた噺家仲間が、妙に納得したことを覚えています。

三歩さんは、大瓶のビール、ワンケースを、一晩で呑んでしまうという酒豪。

先日の夜中、大阪の難波近辺の道で酔い潰れ、トラ箱へ放り込まれたそうで。

朝、目を覚ますと、見覚えの無い部屋で寝ていて、毛布が掛けられていました。

周りを見ると、白い壁の部屋で、右側が檻（おり）になっていて、廊下を人が通ります。

暫くすると、係員が「三歩さん、朝の七時ですよ」と、声を掛けてくれました。

トラ箱へ放り込まれた時、持ち物検査をされて、正体がバレてしまったそうで。

係員に「今日の仕事は、昼からです。もう少し、寝かせて」と頼むと、キッパリ断られて、家へ帰らされました。

この御仁が、公益社団法人・上方落語協会の理事ですから、如何に上方落語界が末期状態に陥っているかがわかるようで。

話は、古事記に戻ります。

苦しい旅を続けた伊波礼毘古命の一行が、忍坂（おさか）の大室へ着くと、尻尾の生えた土着民・土雲（つちぐも）一族の、八十人の建（たける）という頭が、山の穴へ隠れ、唸り声を上げて、待ち構えていました。

「日の神の御子が、御馳走を下さる」という謀（はかりごと）を巡らせて、建を洞窟へ集めると、給仕役に久米の子達という、腰に剣を吊した兵隊を一人ずつ付けます。

伊波礼毘古命の歌を合図に、自分が給仕する八十人の建を斬り殺した後、兄・五瀬命が死ぬ原因になった、那賀須泥毘古の軍隊を討ち負かしました。

その後、師木（しき）兄弟も攻めましたが、戦いが長引いて、久米の子達も疲れ果てたので、鵜養（うかい）という食料を運ぶ役目の一族を呼んで戦います。

そこへ邇芸命日命(にぎはやひのみこと)が現れ、「高天原から、お下りになっていると聞き、お手伝いに参りました」と言って、日の神の子孫であることを示す宝物を差し出しました。

苦しい戦いを続け、各地の乱暴な神を征伐し、逆らう者が無くなった後、大和国畝火(うねび)の白檮原(かしはら)に宮殿を建てて、神武天皇となります。

神武天皇が、日向国に居られた頃、阿比良比売(あひらひめ)という后との間に、多芸志美美命(たぎしみみのみこと)、岐須美美命(きすみみのみこと)という二人の御子が居られましたが、大和国の宮殿で、天下を治める時、正式な后が居ないことを残念に思って、美しい少女を捜すように命じます。

大久米命(おおくめのみこと)が、「大和国、勢夜陀多良比売(せやだたらひめ)の娘・伊須気余理比売(いすけよりひめ)が宜しゅうございます。昔、三輪の大物主神が、赤土を塗った矢に化けて、勢夜陀多良比売の部屋へ入り込むと、矢は立派な男になって、結婚したそうで」と申し上げます。

この話を、ボォ――ッと聞いていると、何と結構なことでと思いますが、大物主神はストーカー以外、何者でも無いし、部屋に忍び込んできた者と結婚するとは、節操の無い娘ということにもなるようで。

しかし、世の中は広くて、痴漢された男と結婚した娘も居るだけに、どんな出会いがあるか、わかりません。

大久米命が、伊須気余理比売を捜し廻ると、麗らかに晴れ上がった高佐士野(たかさじの)という岡の上を、七人の娘が艶やかな恰好で野遊びをしている中で、伊須気余理比売が一番先に立っていました。

大久米命が近付いて、神武天皇の気持ちを伝えようとしましたが、大久米命は武勇に優れた久米一族の者だけに、入れ墨を入れ、怖い目をしています。

反社会勢力の若頭のような男と話をするのは、かなり勇気が要ります。

二十年ぐらい前、瀧川鯉朝さんという東京の噺家が、大阪の落語会へ出演して、難波の立ち呑み屋で、大阪の噺家と呑みました。

かなり酔いが廻った頃、鯉朝さんがトイレへ行くと、誰かが入っていたので、「深夜だから、表でもいいか」と思って、外へ出て行ったそうで。

暫くすると、隣りのビルの車庫のシャッターが、ガラガラガラと上がる音が聞こえたので、大阪の噺家の顔色が変わりました。

立ち呑み屋の隣りは、大阪では有名な反社会勢力の事務所で、車庫のシャッターが開くことは滅多にございません。

鯉朝さんは、そのシャッターへ、シャーーーッと放尿したようで。

様子を見に行くと、鯉朝さんは反社会勢力の若者に、コンコンと意見をされていましたが、この意見が見事で、「お前、人間として、どうや?」。

これを聞いた大阪の噺家が、盛大な拍手を送りました。

その後、鯉朝さんは、箒とホースを渡されて、掃除をして、開放。

大阪の噺家が、「拉致・監禁されたら、えらいことになったわ」と言うと、呑気な鯉朝さんは、「一遍、あの世界の事務所の中が見たかった」。

世の中、懲りない人も居るようで。

鯉朝さんが怒られた反社会勢力の若者より、もっと怖い顔をしていたのが、大久米命。

心を籠めた歌で、神武天皇の気持ちを伝えたことが通じて、伊須気余理比売が「お仕え致します」と約束すると、神武天皇の后になって、日子八井命（ひこやいのみこと）、神八井耳命（かむやいみみのみこと）、神沼河耳命（かむぬなかわみみのみこと）という、三人の御子を産みました。

その後、神武天皇が崩御した後、三人の御子とは腹違いの兄・多芸志美美命が、母親の伊須気余理比売を妻にした上、天皇の位へ就くために、三人の弟の暗殺計画を企てます。

こんなことでも無かったら面白くないし、「めでたし、めでたし」で終わると、古事記は、日本昔話のグレードで終わっていたと思います。

世の中、いつの時代も、お家横領や、権力を独り占めにしたい者が居るのも事実。

伊須気余理比売は、三人の御子の母親だけに、兄弟の揉め事を悲しく思って、多芸志美美命の弟殺害計画の謀を歌に詠んで、三人の御子へ知らせました。

三人の御子が歌を意味を知ると、早速、多芸志美美命を殺す決心をします。

末の弟・神沼河耳命は、兄・神八井耳命に「武器を使って、多芸志美美命を殺せ」と勧めましたが、いざとなると、兄の手足は震えて、殺す勇気が出ません。

人間の世界でも、末っ子は性根の据わっている者が多いようで。

幼い頃から、兄の良い所や、頼り無い所を見て育っているだけに、世の中の渡り方も、自然に身に付けています。

唯、兄弟が揃って、訳がわからない者も居るようで。

兄「おい、弟。竹の棒を振り回して、何をしてる?」

弟「空の星を、叩き落とそうと思う」

兄「我が弟ながら、情け無い。お星さんは、空の高い所にあるから、そんな竹の棒で届くか。屋根へ上がれ!」

この兄弟に父親が絡むと、もっと難儀なことになります。

弟「もし、兄さん。来年、三月と五月は、何方が先に来る?」

兄「我が弟ながら、情け無い。そんなことは、来年にならんと、わからん」

横で聞いていた、お父っつあん。

父「兄は、偉い!」

家族一同、仲良く暮らしていたら、これはこれで結構!

話は、古事記に戻ります。

兄の武器を使って、末の弟が多芸志美美命を殺します。

兄・神八井耳命が、「私は仇を殺せなかったが、お前は見事にやり遂げた。年上でも、私が万民の上に立つのは宜しくない。お前が天皇の位に就いて、天下を治めなさい。私は、神々を祀る役目を引き受ける」と仰ったことで、神沼河耳命が天下を治めて、綏靖天皇となりました。

次に、安寧、懿徳、孝昭、孝安、孝霊、孝元、開化という天皇が天下を治めて、開化天皇の御子は、御真木入日子印恵命と言って、後々、崇神天皇となります。

崇神天皇の御世、伝染病が流行したことで、天皇は嘆き悲しんで、神殿を建て、その中に籠もって、一心に祈りました。

崇神天皇の夢の中へ、大物主神が現れて、「今、流行している悪い病いは、私が手を下している。神の子の意富多多泥古に命じて、私を祀らせると、神の祟りも納まり、国中が穏やかになる」と教えます。

早速、早馬の遣いを走らせて、意富多多泥古を捜して、河内の国・美努で見つけると、宮殿へ連れてきました。

崇神天皇が「お前は、誰の子どもじゃ?」と尋ねると、「大物主神が活玉依毘売と結婚されて、お産みになった、櫛御方命の孫・建甕槌命の子どもです」と答えたそうですが、一度聞いただけでは、どんな関係かわかりません。

意富多多泥古が、神の御子の出ということには、訳があります。

もう少し詳しく述べると、意富多多泥古の先祖・活玉依毘売の部屋へ、ある日の真夜中、立派な若者が現れて、相思相愛になった末、子どもが生まれそうになりました。

不法進入で、不純異性交遊をしても、許してもらえば、犯罪者では無くなります。

父親が不思議に思って、活玉依毘売に尋ねました。

両「婿は、誰方じゃ?」
活「ご立派な御方が、毎晩、私の許に来られますが、お名前は存じません」
両「部屋の中へ赤土を撒いて、麻糸の糸巻に針を付けて、その者の着物の裾へ縫い付けなさい」

言い付けられた通りにして、明朝、調べてみると、針を付けた麻糸は、入口の戸の鍵穴を通って、表へ出て、部屋には糸が三輪だけ残っていたので、糸を頼りに訪ねて行くと、三輪山の御社で途絶えます。

麻糸が三輪残っていたことから、この土地を、三輪と言うようになったそうで。

これを聞いた崇神天皇は、「これで天下が穏やかになり、人民も栄えるであろう」と喜んで、意富多多泥古命を神主にして、御諸(みもろ)の山へ、三輪の大神と呼ばれる大物主神を祀り、高天原の神々や、その土地の神々を祀る御社も各地に建てました。

宇陀の墨坂神(すみさかのかみ)へ、赤い楯と矛とを捧げ、大坂神(おおさかのかみ)へ、黒い楯と矛を捧げ、坂の上や、河の流れに住む神々も祀ったことで、神の祟りも納まり、病気に罹る者も無くなります。

崇神天皇の御世、遠く離れた地方まで将軍を送って、国を治めることが始まりました。

大毘古命（おおびこのみこと）は越国（こし）、その子の建沼河別命（たけぬなかわわけのみこと）は東方の十二国、日子坐王（ひこいますのみこ）は丹波国、大吉備津日子命（おおきびつひこのみこと）は吉備国へ出掛けます。

神様は、ややこしい名前が多い！

落語に出てくる長い名前は、寿限無が有名です。

「寿限無寿限無、五劫の擦り切れ。海砂利水魚の水行末、雲来末、風来末。食う寝る所に、住む所。やぶらこうじの、ブラこうじ。パイポパイポ、パイポのシューリンガン。シューリンガンの、グーリンダイ。グーリンダイの、ポンポコナーの、ポンポコピーの、長久命の長助」で、神様の名前より面白くて、覚え易い。

越国へ旅立った天皇の叔父・大毘古命は、山城国・弊羅坂（へらざか）で、不思議な歌を歌う、腰へ布を巻いた少女に出会いました。

落語にも、ケッタイな唄が出てくることがあります。

短い唄は「ホゥホゥ、ホホラノカイ！」で、どんな学者が聞いても、意味がわからないそうで。

長い唄は「オケラ・毛虫・ゲジ、蚊にボウフリ、蝉・かわず、やんま蝶々に、キリギリスに、ハタハタ。ブンブノ背中は、ピイカピカ！」で、唄うだけで、頭が痛くなります。

もっと長くて、阿呆らしい唄もあって、「カンカンノウ、キュウレンス。ヤンレ嬶、しんぐいぐい。ゾロリや、ゾロリや、ゾンゾロリ。桜え、桜、山茶花、浪花の皐月か、今宮か、ソレ、仰山な。菊、大源寺。菖蒲、杜若に、女郎花。タンポ咲け、タンポ咲け。お前居ててか、連れ衆は無いか、ドンドン。連れ衆は、後から随いてくる。居ててか、寝ててか、ほんまかえ。実、お祭じゃ、開けなきゃ、ドンドン！」。

話は、古事記に戻ります。

少女の歌は、天皇の暗殺を仄(ほのめ)かす内容で、歌った後、姿を消しました。

気になることを言って、どこかへ行くぐらい、後味の悪いことはございません。

大毘古命は、少女の歌が気になるので、都へ帰って、天皇に話をしました。

天「山城国・建波邇安王(たけはにやすのみこ)が背くことを知らせる、神様のお告げに違いない。軍隊を率いて、討ち取れ！」

大毘古命は、日子国夫玖命(ひこくにぶくのみこと)を副将にして、和訶羅河(わからがわ)の岸辺に着くと、敵方の軍も、向こう岸で待ち構えていました。

睨み合いの末、建波邇安王が矢を放っても当たりませんでしたが、日子国夫玖命が弓を放つと、建波邇安王へ当たり、死んでしまいます。

これを見た敵軍は総崩れになって、逃げ出しました。

後を追い掛けると、敵軍は恐ろしさで、糞を垂れて、袴を汚したので、この土地を、屎褌(くそばかま)と呼び、今では、久須婆(くすば)と言うようになったそうで。

確かに、屎褌とは言いにくい。

一「お宅が住んでいる町は、何という名前です？」
二「えェ、屎褌で」

斬り倒した敵兵が、鵜の如く、川面へ浮かんだので、この川を、鵜河と呼びました。

各々の将軍が各地を平定したことで、国に平和が戻り、人民も富み栄えます。

崇神天皇の後、天下を治めた垂仁（すいにん）天皇には、複数の后がありましたが、沙本毘売（さほびめ）を一番可愛がりました。

ある日、沙本毘売の兄・沙本毘古王（さほびこのみこと）が、意外なことを言い出します。

兄「夫の天皇と、兄の私と、何方が大事じゃ？」
妹「それは、お兄さんの方が大事です」
兄「本当に兄が大事なら、私と一緒に天下を取ってしまおう。天皇が寝ている隙に、この小刀で刺し殺してしまえ！　ヘッヘッヘ！」

兄の悪巧みを聞いた妹が、ニヤッと笑って、「越後屋、そちも悪じゃのう！」。

そんなことは言いませんが、一応、引き受けました。

天皇が后の膝枕で寝ている時、沙本毘売は小刀を取り出しましたが、愛しい夫を殺すことが出来ず、零れ落ちた涙が天皇の顔の上へ滴り、天皇が目を覚まします。

天「今、不思議な夢を見た。沙本の方から夕立が降り出して、私の顔を雨で濡らし、錦色の小さな蛇が、首へ巻き付いた。この夢には、どんな意味がある？」

后「隠し通すことが出来ませんので、正直に申し上げます」

后の懺悔を聞いた天皇は、軍隊を集めて、沙本毘古王の許に差し向けると、沙本毘古王も弓矢を防ぐための、稲を積み重ねた稲城の砦を作って、立て籠もりました。

兄の苦しむ姿を見た沙本毘売は、宮殿から出て、兄が立て籠もる砦に、身を投じます。

お腹に御子を宿している大切な后だけに、可哀相に思った天皇は、攻めようとしません。

両軍が睨み合う内に、御子が生まれました。

后は御子を抱いて、稲城の外へ出ると、「この子を世継ぎと思われるのなら、私を許して、この子を大事に育てて下さい」と頼みます。

早速、后を取り戻すために、力持ちで、動きの素早い兵卒を選び出すと、「御子を受け取った後で、后も奪い取れ。髪や腕を擱まえたら、絶対に離すな！」と命じました。

ところが、后は天皇の作戦を見抜きます。

剃り落とした黒髪を編んで、頭へ載せると、玉を繋いだ紐を腐らせて、手首へ三重に巻き付けて、酒で腐らせた着物を着ました。
兵卒は御子を受け取っても、后を連れてくることが出来ず、陣地へ戻ります。
天「后は、死ぬつもりじゃ。后は遠くに居るが、声は届くであろう。コレ、后！　子どもの名前は、母親が付けると決まっておる。御子の名前は、何と付けよう？」
后「御子は、稲城の炎の中で生まれました。本牟智和気御子（ほむちわけのみこ）と、お付けになれば宜しいかと存じます」
天「后が居らず、どのように養育すればよい？」
后「乳母と、お湯を使わせる女を二人付けて、養育なされば宜しいかと存じます」
天「最後に、一つだけ聞きたい。私達は死ぬまで離れることは無いと、固い約束を交わした。后が帰ってこないのであらば、私一人で、どのように暮らせばよい？」
后「丹波国の兄比売（えひめ）と、弟比売（おとひめ）という、二人の女王（ひめみこ）は、心の清らかな娘達で、この方々を后になされば宜しいかと存じます」

天皇の軍が稲城を攻めると、沙本毘売は兄に従って、炎へ身を投じました。

その後、御子は、顎の髭が胸まで垂れ下がるような大人になっても、口を利きません。

ある時、大空を鶴が啼いて、飛び去る声を聞いて、言葉のような物を呟きました。

喜んだ天皇は、山辺のオオタカという者に捕獲を命じると、鶴が飛んで行くのを、紀伊から越国まで追い掛けて、和那美（わなみ）の港で捕まえます。

早速、都に持ち帰りましたが、御子は鵠を見ても、何も言いません。

この夜、天皇の夢に出雲の神様が現れ、「私を祀る御社を、天皇の御殿のように造り直せば、御子は物を言う」と仰いました。

早速、出雲の御社へ御子を行かせることになります。

お供は、曙立王（あけたつのみこ）と、弟・菟上王（うなかみのみこ）。

旅路を占うと、「奈良山を越えるのは苦難だが、紀伊国に通じる真土山（まつちやま）を越える道は、遠回りでも、幸先の良い道」と出ました。

何事も、少しずつ進む方が宜しいようで。

殊に、自動車の危険運転や、あおり運転は、質が悪い。

思い返すと、高速道路の危険運転で、危ない目に遭ったことがあります。

約十年前、家内の運転で、東京から東名高速道路へ入って、海老名のサービスエリアで一服しようと、スピードを落とした時、砂煙に包まれて、前が見えません。

その時、フロントガラスの前を、大きなタイヤが横切って、飛んで行きました。

もっとスピードが出ていたら、フロントガラスを突き破って、命が無かったようで。

パトカーの警察官に、「極めて悪質な過積載で、トラックのタイヤが外れました。もう少しで大事故になるだけに、怪我が無くて良かった」と言われて、ゾッとしました。

九代目桂文治師が演っていた落語で、トラックの運転手と、お婆さんの話があります。

運「コラ、婆さん！　そんな所を歩くと、轢いてしまうぞ」
婆「車が、人間を轢く？　一々、偉そうに言うな。昔は、人が俥を引いてたぞ」

　話は、古事記に戻ります。

　御子の一行が出雲へ着くと、出雲の大神を拝んで、都へ戻る時、斐伊川（ひのかわ）へ橋を造り、その傍へ仮の御殿を建て、御子が泊まりました。

　出雲国の国造（くにのみやつこ）の長官の祖先・岐比佐都美（きひさつみ）が、川の下流へ、青葉の繁った木を造り物の山のように拵えます。その景色が見える部屋で食事を差し上げると、御子が「川下を見ると、山のようだが、本当の山ではなかろう。出雲の大国主神をお祀りする、神主達の祭壇かも知れない」と、初めて口を開いたので、お供は大喜びで、早馬の遣いを都へ送りました。

　出雲に居られる間、御子は肥長比売（ひながひめ）を嫁にしましたが、姫の正体は大きな蛇と知れたので、大急ぎで船で逃げると、肥長比売は青白く光りながら、別の船で追い掛けてきます。

　船を陸地に着けると、谷間から引き上げて、都へ帰りました。

「出雲の大神を拝んだことで、御子が話をされた」と報告すると、天皇は喜んで、菟上王を出雲国へ遣わして、立派な御社を建てさせます。

　御子の病気が治ったことで、天皇は亡くなった后が言い残した通り、丹波国の娘達を呼びましたが、その中で姿形の醜い娘は、送り返しました。

古事記に登場する神様は、人間より薄情な上、恨み、つらみ、嫉み、苛め、殺しのオンパレードで、人間世界より酷いことばっかり！

神様も、人間を見習った方がいいと思う時があります。

垂仁天皇の御世、多遅摩毛理(たじまもり)に、四季を通じて実る、芳(かぐわ)しい果物という意味の、時じくのかくの木の実を採りに行かせました。

海を渡った多遅摩毛理は、珍しい木の実を探り当てると、葉の繁った枝を八本、実の付いた枝を八本を折って、都へ持ち帰りましたが、天皇は崩御された後。

多遅摩毛理は、葉付きの枝を四本、実付きの枝を四本、后へ差し上げて、残りを天皇の墓の前へ捧げると、「折角、採ってきましたのに！」と叫んで、息が絶えました。

多遅摩毛理が持ち帰った、時じくのかくの木の実は、橘だそうで。

いろんな解釈が出来て、日本最古の値打ちのある歴史書・文学書の古事記を、値打ちの無い解釈で語る、落語版の古事記。

一先ず、お仲入りィ――ッ！

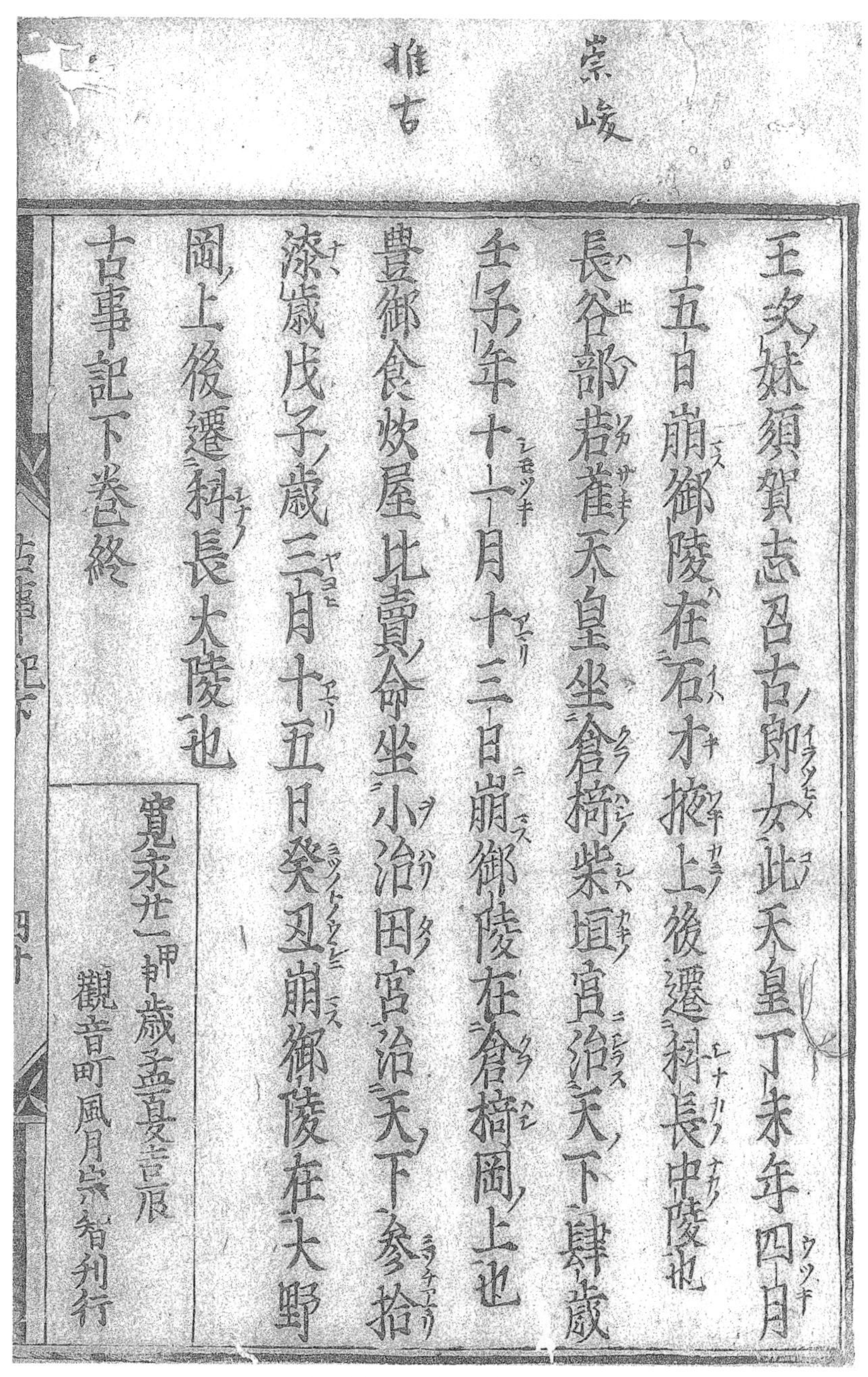
崇峻
推古

王之妹須賀志呂古郎女此天皇丁未年四月
十五日崩御陵在石寸掖上後遷科長中陵也
長谷部若雀天皇坐倉椅柴垣宮治天下肆歳
壬子年十一月十三日崩御陵在倉椅岡上也
豊御食炊屋比賣命坐小治田宮治天下参拾
漆歳戊子歳三月十五日癸丑崩御陵在大野
岡上後遷科長大陵也
古事記下巻終

寛永廿一甲申歳孟夏吉辰
観音町風月宗智刊行

寛永版本『古事記』最後の頁

桂文我が　本居宣長記念館名誉館長　吉田悦之氏　に訊く

文「本居宣長が居なかったら、ここまで古事記が知られなかったでしょう」
吉「それは、誰も否定が出来ない」
文「本居宣長は、源氏物語の研究とか、いろんなことをしていましたね」
吉「いろいろやっていますが、古事記は別です。宣長が古事記を調べていることは、ある時期まで、誰も知らなかった。その話の前に、宣長の略歴の前半部分だけを紹介しておきます。江戸時代の中頃、八代将軍吉宗の時代ですが、伊勢国松坂本町、今の三重県松阪市に生まれました。家は木綿商で、江戸に店を持つ、裕福な家のぼんぼんです。ところが、父が早く亡くなり、後に残された子は、本を読むのは好きだが、商いの筋には疎い。母の勧めで、医者になることに決めて、二十三歳の時、上京します。愛読していた源氏物語の世界が息づく京都で、堀景山という素晴らしい先生と出会って、夢のような五年間を過ごし、二十八歳で松坂に帰り、医者を開業した。その頃、嶺松院歌会という、地元では名門の会に入り、瞬く間に頭角を現し、排蘆小船という想定問答集を作るなど、入念に準備をして、『なぜ、皆さんは歌を詠むのか？　そもそも歌って、何ですか？　一端の歌人なら、源氏物語は読んでおくべきでしょう』と、地元の天狗達の鼻を折って行って、地方歌壇の中心人物になった訳です」
文「古事記の話は、どこへ行きました？」
吉「実は、その頃から古事記に注目していたが、まだ秘密です」
文「なぜ、秘密にします？　古事記は、ご禁書じゃないでしょう」
吉「当時の人に、宣長の説く古事記は、異界の書です。松坂の町人の教養が高くても、古事記は知らない。

本居宣長『古事記傳』一之巻

『日本書紀なら聞いたことはあるが、何で古事記だろう?』と、不思議に思う訳です」

文「それなら、『これは中々、面白い』と、教えればいいでしょう」

吉「書かれてから千年も、殆ど注目されなかった本ですから、そう簡単にはいかない。古事記は神々の世界から、私達の世界へ展開して行く話で、神々の世界の論理が罷り通る。日本書紀は、人の世界から、神々の世界を窺うので、視点が逆です。既に日本書紀を知っている連中に、『古事記は日本書紀より八年古い、現存最古の歴史書』と言っても、納得してもらえない。うかうか話をすると、変だと思われる」

文「古事記を読むのが、変ですか?」

吉「今の私達は、宣長の頃に比べると、かなり世界が広がった。だから、文我さんが古事記を語っても、聞いている人は、あまり違和感は覚えない。でも、昔は違う。話は十年ぐらい飛びますが、四十二歳の頃、宣長は古事記の大本となる考え方がわかったと、直霊（なおびのみたま）という本を書く。やがて、古事記伝の最初に掲げられる『日本は神の国』宣言です。試みに、親しかった人達に講釈をしてみたが、評判はイマイチ。歌会仲間の戒言（かいごん）や棟隆（むねたか）などは、『一寸、自分達の世界とは違う』と、次第に距離を置くようになります」

文「和歌や源氏物語の優雅な世界から、神様の世界に随いてこいと言う方が無理ですよ」

吉「大胆な言い方ですが、世界観の変化というレベルの話ではなく、新興宗教みたいな物ですからね。ある研究者が、『直霊は、まるで浄土宗の一枚起請文みたいだ』と言いました。智者のふるまいをせずして、唯、一向に念仏すべしの世界ですね」

文「疑うな、信じなさい。古代の世界が見えたと思ったら、妙な世界が広がっていた」

吉「妙かどうかはともかく、源氏物語や、平安朝の和歌を楽しんでいた人には、受け入れられる物ではありません。しかし、宣長の中では、源氏物語と古事記の世界は矛盾無く共存し、外に向けては、二つを上手に使い分けていた。賀茂真淵の弟子になって、古事記研究に本格的に着手した頃には、日本書紀神代巻の講釈をしたり、『今日は、万葉風の和歌を詠んでみよう』とか、変化が出てくる。そして、直霊です」

文「古事記の、どこに引かれましたか?」

吉「その話の前に、嶺松院歌会のメンバーに入った頃に、話を戻しましょう」

文「いよいよ、松坂での活躍の開始ですね」

吉「宣長の講釈や歌会は評判も良く、亡くなるまで、四十年余り続きます。しかし、宣長は考え続けました。なぜ、人は歌を詠むのか? 歌とは、何か? なぜ、源氏物語は面白いのか? ところが、歌会に集う小天狗は侮れない。思い悩む宣長に、藤原俊成の歌の意味を聞いてきたり、『こんな本を見つけた』と見せてくれたり」

文「藤原俊成は、有名な歌人ですね。確か、百人一首を選んだ定家のお父さん」

吉「その歌の中に、『物のあはれ』という言葉が出てくる。『これは、どんな意味で?』と聞かれた宣長は、一瞬、『何を、わかり切ったことを』と思ったが、『ひょっとしたら?』と、家に帰ってからも考え続けて、『物のあはれを知ることが、歌や源氏物語の秘密』と気付いた。これが有名な、『物のあはれを知る』

説の誕生です」
文「それは質問した人の手柄ですが、大学者の宣長の手助けが出来るような人が、松坂に居ましたか？」
吉「信じ難い話ですが、居ました。きっと、稲懸（いながき）棟隆という豆腐屋の主人です。宣長とは家も近所で、同い年。また、棟隆の親友で、来迎寺の僧・戒言も凄かったらしい。漢字の韻に詳しかったようで、宣長も恩恵を被ったという伝説もあります。また、賀茂真淵の冠辞考を貸してくれた人が居た。これは、『物のあはれを知る』や、漢字音以上に、宣長の人生を変える、大きな出会いに結び付きます」
文「冠辞考とは、何の本ですか？」
吉「万葉集などに出てくる、枕詞の研究書です」
文「そんな本を、どこで手に入れました？」
吉「松坂には、江戸で商いをする家が多い。宣長の家も、そうでした。江戸から帰った一人が、向こうで評判になっている本を買って帰り、宣長に見せてくれました。宣長が借りて読んでみたが、よくわからない。何度も読み直す内、突然、古事記が輝き出します。そして、師と仰ぐべきは、この本の著者の賀茂真淵と確信しました」
文「良い時に、良い本に出会い、良い先生が見つかった訳ですね」
吉「宣長という人は、運が良い」
文「確かに、『運も才能の内』と言います。賀茂真淵から、いよいよ古事記ですね」
吉「『物のあはれを知る』で、歌や源氏物語の魅力は説明が出来ても、悩ましいのが、日本書紀と古事記の

古事記傳一之巻

本居宣長謹撰

古記典等總論

前御代の故事しるせる記は、何れの御代のころより有けむ、書紀 日本書紀をいふ の履中天皇御巻に、四年秋八月、始之於諸國置國史記言事達有るを思ふに、朝廷には是よりさきにも既く史ありて、記されもしつらむと知られたり、其はその時々の事どもこそはあれ、前代の事どもまでは、如何有けむ知がたし、既に當時の事記されしうへには、往昔の事ども、語傳へしまゝに、あらあらも記しおかれけむ

本居宣長『古事記傳』一之巻

問題でした。日本書紀の優位は、誰もが知っている。しかし、古事記が気に掛かる。その時、冠辞考です。まるで発想が違って、逆転の発想ですね」

文「一体、何の逆転ですか?」

吉「日本という国の名前が付いたのは、西暦六〇〇年代末のようですが、かなり前から、中国に憧れてきた。遣隋使を送ったりして、何でも学ぼうと、一所懸命。ところが、真淵は日本人独自の発想法に着目した訳です。その視点で見ると、立派な漢文で書かれていた日本書紀が色褪せて、訳のわからん漢文で書かれた古事記が輝き出しました」

文「宣長は、既に日本書紀を読んでいましたか?」

吉「当時の医術は漢方だけに、医者になるためには、漢文・漢籍を勉強する。その反動というより、宣長の性分でしょう。併せて、日本のことも学ぶ」

文「関係することも、キチンと学ぶのは、回り道のようですが、勉強の秘訣ですね」

吉「日本書紀を買ってきて、読み出した。それを見ていた景山先生は、見込みがあると思ったようで、『私の本と、お前の本を交換してやろう』。景山先生の本には、途中までですけど、有益な情報が一杯書き込まれて、『忙しかったから中断しているが、この書き入れを最後まで続けるなら、交換してやろう』と言われたのです。宣長は大喜びで、自分の本を差し出した。また、日本書紀を学ぶには、三部の書と呼ばれていた、日本書紀と先代旧事本紀、古事記。この旧事本紀と古事記も、本屋で探して、買ってきた」

文「最初から、古事記にも注目していた訳ですね」
吉「多分、先代旧事本紀を買ったついでに、古事記も買ったのではないかと思います」
文「ほゥ、おまけですか」
吉「冊数も、僅か三冊。出版されて、百年も経っていて、薄汚れていたでしょうから、それに近いでしょうね」
文「古事記は、本屋で普通に売っていましたか？」
吉「売っているから、読まれているとは限らない。これは、寛永年間に出た本です」
文「寛永の刊行なら、江戸時代の出版では早い方ですね」
吉「一六四〇年代ですから、早いです。面白いことに、寛永年間は、日本の古典が続々と出版されました。万葉集も、そうですね」
文「そんなに読まれていない物を、なぜ、版本にしましたか？」
吉「ねェ？」
文「ねェって、これが謎です。日本書紀は、版本にする値打ちがあるでしょう。読むことも出来ない物を版本にして、流布させようと考えた版元がある。普通なら、買う者も居ない、読み方もわからない、儲けにもならないから、刊行しません」
吉「常識的に考えても、そうです。唯、序文を見ると、天武天皇に元明天皇ですから、疎かには出来ません。今でも同じですが、売れる本、役に立つ本だけが出版される訳でも無い。『出しておけば、間違って買う奴も居るだろう』と考えた訳でも無いでしょうが、古い本だから出したのでしょう。日本書紀や先代旧事本紀を読む人が、参考に買ってくれるかも知れない」

文「一体、誰が買います？　学者か、神主ですか？」

吉「日本の古典を研究する学者は、多くは神職ですね」

文「読めないが、何か美味しそうな物を含んでいると思った訳ですか？」

吉「日本書紀を読むためには、これも見ておかないと」

文「しかし、読めない物を」

吉「やっぱり、宣長は偉いです。これは古事記とは関係無い話ですが、『内容に多少の問題があったとしても、本は出しておく方がよい』と言っています。なぜ、読めない本を出したかですが、読めないといっても、漢字で書かれているから、大体、わかります」

文「比べてみると、古事記と日本書紀の大筋は、そんなに変わりは無いようです。唯、古事記は、因幡の白兎のように、どうでもいい話が多いだけに、学者が軽く扱うのも無理は無い。ある程度、売れましたか？」

吉「僅かですが、読者は居ました。例えば、伊勢の神官・度会延佳（わたらいのぶよし）とか。宣長が使っていた古事記は、元々、大山為起（おおやまためおき）という、伏見稲荷の神主の蔵書です。死んで、処分されたかも知れません。それが巡り巡って、宣長の所へ来た。これは、相愛大学の千葉真也さんの発見です。宣長は、『古事記の価値は話の筋より、〈稗田阿礼が、どう語ったか〉にあることじゃないか』と考えた。文字と声では、噺家の方には申し訳無いが、やっぱり文字の方が上だ。宣長は冠辞考を読みながら、『古事記という本は、太安万侶が聞いた稗田阿礼の声を再生することが出来て、初めて〔読んだ〕ことになるのでは』と、閃（ひらめ）いた」
文「一気に、古事記伝へ突っ走る」
吉「いや、これからが長い。かなり準備に時間を掛けて、全体の見通しを立ててから始めていますからね」
文「初めに言っていたことが、ズレて行くと情け無いですが、本当に核心が見えていた訳ですね。ズッと進めて行くと、本居宣長の言っていたことが正しかった」
吉「始める頃には、作業工程や、完成のイメージが、細部に至るまで、しっかり画けているのでしょうね。そう言っても、対象が古代。いや、神代だから大変ですよ」
文「神社の宮司で、『日本の歴史は、先代旧事本紀が元』と仰る方がありますね。『やっぱり、古事記と考えるべきではないですか？』と聞くと、『古事記は結構な物ですけど、先代旧事本紀を土台に考えるべきだと思います』と仰った方もあります。先代旧事本紀が好きで、勉強なさった方かも知れませんけど」
吉「その本に、何を期待するかでしょうね。出雲の人から見ると、その地域が重要な扱いをされていますから、古事記と出雲風土記でしょう。宣長にとって大事なことは、昔の言葉で残っていることです。しかし、その宮司には、昔の言葉で残っていようがいまいが関係無く、自分達に関わることが説明出来る本が欲しいでしょう」
文「そうなると、古事記より、日本書紀や先代旧事本紀の方がボリュームもあるし、ハッキリしていますね」

吉「先代旧事本紀は、日本書紀や古事記とか、他の本も併せて、良い所取りをした本ですから、使い勝手はいいでしょう」

文「古事記以前の物から取っているかも知れないという、微かな可能性はありますね」

吉「確かに、仰る通りです。宣長も古事記伝で、『取るべき所はある』と書いています。そもそも、この本が偽書であることを見抜くのは難しい。宣長も、阿毎菟知弁（あめつちのべん）という論文を書いた三十二歳頃は疑っていません。冠辞考を読んで、世界が引っ繰り返ったような衝撃を受けました。『これだ！』と、自信を持って書いた論文で、原稿用紙に直しても数枚ですが、古事記の最初の二文字『天地』を、どう読むか。アメツチか、アメクニか。つまり、稗田阿礼の声の再生方法を論じた、画期的な研究です。これで古事記の価値は上がり、申し訳無いが、津の学者で、日本書紀通証を書いた谷川士清（たにがわことすが）の学問は、吹っ飛んでしまった。宣長は京都時代、神道の勉強をしたいと思っていたでしょうね。日本書紀通証も出版前に、景山先生の人脈を使ったでしょうが、借りて読んでいます」

文「谷川士清は、生涯、津に居ましたか？」

吉「京都と津の間を、行ったり来たり。津では名門の産科医で、垂加神道家でもあったからでしょう。京都に、しばしば行っています。日本書紀通証の刊行も、京都ですね」

文「日本書紀の解説書は、士清以前にも出ていましたか？」

吉「全巻の注釈書は、初めてでしょう。そこそこ売れたでしょうし、印税交渉の記録も残っています」

文「京都で日本書紀通証を見た宣長は、どう思いましたか？」

吉「それは、難しいですね。既に契沖の日本古典の注釈を読んで、『契沖の説は、証拠無きことを言わず。他の説は、多くは証拠無し』と感心していますし、景山塾では、中国古典の注釈を幅広く学んでいる。仏教書も好きで、読んでいた。これも、注釈が中心となる学問です。ただ、士清の垂加神道流の注釈は、こじつけのような不思議な論法で、『こんな学問があるのか』と思ったかも知れません。それでも、谷川士清は博識だけに、日本書紀を読むには、役に立つこともある。五十音図で日本語を考えるという着想にも感心したり、郷里の大先輩として、密かに尊敬していたみたいです。阿毎菟知弁を書いて、古事記の漢字から、古代の声が再生出来るという見込みが立った。しかし、もう一つ考えないといけないことがある。『声が聞けたことで、何がわかるのか？　言葉とは、そんなに大事な物なのか？』という問題ですが、ここで和歌や源氏物語研究が活きてきます」

文「一体、どういうことですか？」

吉「古今集の序文に、『やまとうたは、人の心を種として、よろづの言の葉とぞ、なれりける』とあります。和歌は、人の心が言葉となった物だ。逆に言うと、『なぜ、人間の心は、言葉で表現出来るのか？』という所に行き着きます。心には、形がありませんよね。しかし、言葉で表すことは出来る。心だけじゃない、出来事や行為。事を伝えるためには、言葉の力が必要で、全ては言葉だ。事と心と言は、相適う物だという考えに到達します」

文「言葉は、形の無い物に、形を与える訳ですね」

吉「事や心も、言葉で表現されると言っても、ひらがなや、カタカナが出来るのは、平安時代になろうかという時代のこと。古事記や万葉集の時代には、文字は中国の漢字しか無かった。それが嫌なら、声しか無い訳です。最初は、それで良かった。やがて、世の中が複雑化してくると、声だけでは不便だと、中国の漢字を借りて、日本も文字の時代が始まります」

文「特に、戸籍や土地台帳は、声では無理ですね」

吉「支配を強固にするには、文字は不可欠。文字は便利だけど、一文字一文字、世界を持っています。よく引く例ですが、日本には至る所に、カミサマ、ヤホヨロヅノカミ（八百万の神）が居る。その『カミ』に、よく似た意味の漢字『神』を探して宛てたが、日本の『カミ』と、中国の『神』は、ピッタリ一致する訳ではない。宣長の見立てでは、七、八割は一致しても、残りの二、三割が違う。役人や知識人は、中国の本を読んでいるから、『神』という文字で、日本の『カミ』を考えると、まずい。『ゴッドと、日本の八百万の神が同じか？』を考えると、よくわかるでしょう。文章になれば、より複雑になります。日本語を漢文という古代中国語に翻訳すると、レトリックが入ってくる。英語の時間に『間違いではないが、欧米人は、そんな言い方はしないよ』と言われた経験があると思いますが、それと同じ。翻訳すると、別の論理が入ってくるが、これらは不純物ですから、『それを除去する方法は無いか？』と考えた訳です。古代の純粋な声を聞きたいという望みが、古事記の解読で可能となるという確信が芽生えた。いよいよ、古事記研究の第一歩です」

文「一寸、待ってください。賀茂真淵に勧められるまでに、古事記に着手していましたか？　真淵に勧められて、古事記に着手したように言われることが多いと思います」

古事記傳二之巻

古事記上巻（フルコトブミカミツマキ）并序

本居宣長謹撰

此標題。此處には古事記序とはなくて。古事記上巻とい
あることは。本文乃首にあるべきを。合せてありて書て。
本文のはじめには畧けるなり。諸本みな同じ。并序は
二序とも序ヲナラブともよめども。共に此方乃もの
いひざまにあらず。此はかくて古言には訓がた
し。されどこのまゝはいかに読てもありぬべし。又
序字の訓もなし。強ひていはゞ。中昔より奥書とい
ふことあるは。其をかへすがへすみて跋と云物なれば。是ぞ唯
へて序をバはじめにおきて又をはりには跋などや云べし

本居宣長『古事記傳』二之巻

吉「三十四歳の時、真淵と松坂日野町の旅籠・新上屋で会った。つまり、『松坂の一夜』の時、真淵から古事記研究を強く勧められたのは事実で、それは間違いではない」

文「強く背中を押されたのは事実ですが、その前から着手していた訳ですね」

吉「宣長は、入念に準備を進めています。憧れの真淵先生が来られたからと、紹介状も持たずに宿泊先に訪ねて行って、『先生の冠辞考に、感動しました。私は古事記を読みたいのです』と言っても、『あァ、そうか。頑張り給え』で終わってしまいますよ。それでは意味が無いから、先生が教えたくなるような策を練る必要がある。中々、宣長は戦略家ですよ。逆に、真淵先生は純粋ですね。宣長の熱意を喜び、『君しか居ない！』と、研究を勧めました。宣長は、真淵先生の承認という、お墨付きが欲しかったでしょう。ちゃんと、術中にはまった訳ですね」

文「まんまと、研究への足固めは出来ていました」

吉「次のステップに上がるには、どうしても真淵の教えが必要だった。一人で幾ら考えても、限界があります。宣長は欲しい物が二つあって、一つは真淵先生の権威で、真淵のお墨付きが欲しい。それから、先生しか持っていない秘策がある。冠辞考を読めば、その存在はわかるが、これが知りたい。だから、弟子になった訳です」

文「秘策は、手に入りましたか？」

吉「対面した年の暮れに、真淵は入門を許可し、年明けから宣長の研究は本格的に始まります。そう言っても、真淵は『古事記研究は、まだ早い。まず、万葉集だ』と、古事記の研究を認めてくれません。以後、約五年、江戸と松坂で、手紙で激しい質疑と指導が繰り返され、万葉集の質疑も二度目を終えた時、漸く、『古事記を研究してもいい』という許しが出た。そして、宣長が四十歳の初冬、真淵は『君は、私の学問の後継者だ』と認めて、あの世へ旅立ちます」

文「『松坂の宣長が、私の志を継いでくれる』と、周りにも言い残した訳ですね」

吉「江戸の門人は嫉妬し、『亡くなった連絡も、かなり遅れて届いた』と、宣長は嘆きます。しかし、真淵のお墨付きをもらったから、目的は達成した」

文「宣長でも、お墨付きは欲しいですか？　それは、意外ですね」

吉「言い方を変えると、学統と言ってもいいかも知れません。継承しつつ、不断の見直しを行い、多くの研究者を束ねるために、研究体系、システムの構築は必要です」

文「それは、後継者指名のようなことですか？」

吉「はい、仰る通りです。憧れの真淵の弟子になって、宣長がやったことは、旧学問との決別で、津の谷川士清に、堂々たる漢文の手紙を送りました。内容は、『あなたの学問は、ダメだ。何で、日本書紀なんだ。和訓栞という本も書いているそうだが、和訓なんて、漢字にへつらっているのではないか』。突然の挑戦状と言うか、文句に、士清は驚いたでしょうね」

文「一寸、待って下さい。京都に居た頃、士清を私淑していたそうですが、その後、二人は交流はありましたか？」

吉「宣長の奥さんは、草深たみという、津の藤堂藩御殿医の娘です。士清も同じ町の、言わば同業者。また、たみの父や兄と士清は交流もあったようですから、冠婚葬祭で、奥さんの実家へ行った時など、『あァ、あれが士清さんか』と、眺めていたかも知れませんが、士清の方は全く知らない」

文「面識の無い若造からの、突然の失礼な手紙だけに、驚いたでしょうね」

吉「宣長は立派な人ですが、厳しい所もある。所蔵する日本書紀通証に、先代旧事本紀について、『士清は、先代旧事本紀が偽書であることを知らない』と、書き込んでいます。本当に、厳しいですね。『先生だって、それに気付いたのは、極く最近でしょう』と、小さい声で言いたくなります」

文「何かの業績を残す人は、冷たい所や、切り捨てる所もあるでしょう。忖度ばっかりしていると、立派な業績は残せないと思いますよ」

吉「有難うございますと、宣長に代わって、お礼を申します。このように、古事記から古代の声が聞こえるという閃(ひらめ)きの一点に、全ては集約されて行くのです」

文「それにしても、士清は腹を立てたでしょうね」

吉「それは、どうでしょうか。士清の肖像画を見ても、徳がありそうな顔をしていますよ。驚いたが、宣長に興味を持ったかも知れません。自分が生涯を懸けて研究した日本書紀を否定されたことで、逆に宣長の学問に注目し、『もっと知りたい』と思ったのではないでしょうか。交流が再開したら、『古事記伝を貸して下さい』と、宣長にラブコールを送る訳です」

文「ほゥ、交流が再開しますか?」

吉「新しい先生の真淵は、江戸中の旧派の学者を敵に回して闘ったという豪傑ですが、評価すべき物は、キチンと見ている。やはり、優れた学者ですよ。いよいよ古事記の研究に着手してもいいと認めた時、『士清の学問にも、取るべき所があるぞ』と、宣長を諭します。やがて、真淵が亡くなり、宣長は士清に手紙を出して、ここで初めて、二人の交流が始まりました」

文「大事な所だけに、再度確認しますが、真淵と会う前から、古事記研究に着手していた」

吉「唯、これは理論武装というレベルの準備ですね」

文「松坂の一夜で、憧れの真淵に拝謁して、入門を許された」

吉「それから、古事記のテキストの作成や、日本書紀などの再点検に掛かり、古事記伝の執筆に着手する」

文「それは真淵先生から、古事記に取り掛かってもいいという認可をもらった後ですね」

吉「実は、その前に、既に古事記伝の執筆に取り掛かっています」

文「真淵は、宣長の作業を知りませんでしたか？」

吉「松坂と江戸は、四百三十キロも離れていますから、弟子が言わなければ、わからない。しかし、真淵は知っていたかも知れません」

文「本当に、ややこしい師弟関係ですね」

吉「真淵が亡くなったのは、宣長が四十歳の時。この頃、日本語研究でも画期的な、係り結びの法則を発見し、五十音図の『オ』と『ヲ』の位置の間違いを証明する。おかげ参りの大混乱に巻き込まれたのは、男の大厄、四十二歳の時のこと。これらは宣長にとって、神秘体験のような物ではなかったかと思います。今の人の感覚では不思議でもないでしょうが、宣長のように、よく考える人なら、尚更、不思議な思いがしたと思います。そして、直霊の執筆となり、いよいよ真淵効果が出てきました」

文「日本は、神の国。国文学の世界から、国学の世界へ移行して行った」

吉「厄年も無事に過ぎたので、棟隆や戒言達と、大和国・吉野山へ花見に行き、水分神社へ参詣したのが、四十三歳。宣長とは、深い繋がりのある神社です。飛鳥の古蹟を廻って、帰郷する。翌年には自画像を描いて、門人録も作った」

文「着々と、自分の世界を作って行きますね」

吉「そして、松坂で直霊の講義。しかし、宣長は宗教家ではありません。学者としての冷めた目を持っているだけに、この人達には難しいとわかったら、それで十分。『新興宗教なんかではなく、私達の遠い祖先の世界だということを証明し、説得力を持って語るためには、古事記伝を完成させなければならない』と、机に向かいます。昼間は、お医者さん。また、和歌や源氏物語の先生として」

文「ジィ――ッと、芽が出るのを待っている訳でしょうね」

吉「実は、そうです。そして、芽が出てきました」

文「時代は、いつ頃ですか？」

吉「後厄を迎えた、四十三歳の年。元号は、明和から安永と改まります」

文「安永年間前後ぐらいから、出版がしやすい世の中になってきましたね」

吉「確かに、そうです。明和五年、宣長は棟隆や戒言達の協力を得て、最初の著作・草庵集玉箒を、松坂の本屋から刊行します。いよいよ、出版の時代に入りましたね」

文「安永や文化・文政へ近付くに連れて、出版技術も向上したし、流通網も広がって、遠方へ品物を運んだり、逆に手に入れることも出来た。古事記伝を纏める三十五年の間、宣長の仕事を知っていたのは多かったのですか？　それとも、内々で進めていましたか？」

吉「変わった本の注釈ですから、自分から吹聴することは、全く無かった。それでも、松坂以外で噂は広まって行きます」

文「松坂は、やはり、和歌と源氏物語ですか？」

吉「唯、出版するとなると、ハードルが高い。仰る通り、明和・安永以降、出版環境は整ってきますが、執筆の途中で、巻数も何冊になるやら、見当が付かない。学術書は、そんなに売れるはずもないから、支援者を見つけるか。それが、宣長五十六歳。天明五年、突然、とんでもない方向に動き出しますが、それは別の機会で話しましょう。それまでは、写すしかない」

文「つまり、写本も残っている」

吉「確かに、幾つも残っています。例えば、伊勢の御師・荒木田尚賢（ひさかた）は、仕事柄、全国を廻っている人ですが、学問が好き。宣長の古事記伝執筆の情報を察知して、借りて、写しました。借りるだけではなく、宣長に珍しい本を貸してくれる。全国の珍書・貴重資料が、松坂で居ながらにして読めるから、悪い話ではない」

文「つまり、ギブ・アンド・テイクですね」

吉「尚賢は古事記伝を一読すると、びっくりして、『こりゃ、凄い本だ！』と、奥さんの父に見せた。この義父が、日本書紀研究家・谷川士清（ことすが）ですが、宣長との因縁話を覚えていますか？」
文「『あんたの学問は、ダメだ！』と、挑戦状を叩き付けて、交流も無いのに絶縁した」
吉「自分が信じてきた日本書紀の持つ問題を明解に指摘し、『古事記は読める』と言う、全く無名の男が出てきて、しかも近所からですから、ビックリですね。暫くして、尚賢から古事記伝の写本を見せられて、レベルの高さに、また驚く」
文「最初に揉めた時も、『考え方や研究は、本居宣長の方が上だ』ということを認めていた訳ですか？　これは、能力の違いかな」
吉「宣長と士清の決定的な違いは、能力よりも、徹底振りの違いかも知れません。一旦、ゼロに戻るか、既存の学問の上に、自分の学問を築くかです。士清は、日本書紀が正史だけに、微塵も疑いません。『なぜ、五十音図は、この順番で並ぶのか？　日本書紀は、本当に古事記より上なのか？　もう一回、最初まで戻ってみましょう』というのが、宣長です」
文「私の場合、江戸や明治の本から、ネタを掘り起こすことがありますが、その時に考えるのは、『江戸や、明治の声を聞こう。このネタを演った時、江戸や明治の人達は、どう捉えていたか。また、聞く方だけではなく、演ってる人間も、どう捉えていたか』ということを推測する訳です。七〇〇年代、八世紀の初めの声を聞こうという作業は、江戸や明治の声を聞くこととは別問題。当時は、今ほど資料も無かっただろうし」
吉「宣長や真淵は、よく『人の代（よ）、神の代』と言いますよ。『人の代を十分に理解した上で、神の代に入って行かなければ、ダメだ』というのが、真淵の考え方です。ところが、宣長は逆で、『神の代から、人の代、つまり、今の私達の世界を考える』と言って、発想が違いました。例えば、奈良時代の万葉集と、平安時代の古今集では、年代としては、百数十年の差ですが、言葉も世界も全然違って、大きな溝がある。だから、源氏物語や二十一代集を、幾ら勉強しても、古代には遡れません」

文「殊に庶民の生活状況は、わかりませんね」

吉「そこで真淵は、『万葉集をやればいい』と考えた。万葉集は、あらゆる階層の者の歌が集められ、日々の暮らしも描かれている。幾ら違うと言っても、所詮は人の代。ある程度は、わかる。しかし、『古事記になると、そうは行かない』と、宣長は考えた。古事記を柱に据えた宣長学が、次第に浸透する中で、日本書紀研究は名古屋の方へ移って行き、河村秀根という優れた研究者が出てきます」

文「相愛大学の山本幸男先生が、『日本書紀の研究で、新発見は殆どありません。余程の物が出てくると、話は別ですが』と仰いました」

吉「確かに、そうかも知れません。古事記と違って、癖が無いですね。日本書紀の最近の研究で思い付くのは、二十年ぐらい前、『日本書紀の執筆には、中国から来た人の手が入っている』という説ぐらいかな。日本書紀は、中国の歴史書を真似て、漢文で書いた歴史書ですから、出土品と合う、合わないという議論があるぐらいかも知れませんね。古事記は、そうはいかない。そこで、古事記伝の理屈が要ります。唯、この理屈が凄い。古事記伝が書かれてから、まだ二百年しか経っていませんが、あと百五十年や、二百年先でも、古事記伝の価値は揺るぎないでしょう。古事記伝の価値が無くなるということは、古事記そのものの価値が無くなると言ってもいい。かなり前ですが、賀茂真淵の故郷・静岡県浜松の市会議員の方々が、松阪を訪れた時、私は『浜松は先端技術の町だと自慢されているが、幾ら優れた器械でも、百年間という耐用年数は無い。しかし、宣長の古事記伝という、古事記を解読する器械は、少々の部品を交換すれば、十分に使える』と話したことがあります。まだまだ、古事記伝の価値は無くならない。唯、その前に、肝心の日本が無くなるかも知れませんが」

文「昨今の状況なら、そんな気がしないでもありません」

吉「キチンと日本語も教えないで、英語を教えていたら、国家は残ったとしても、文化的な伝統は消えてしまうでしょう。母語は、私達にとっては日本語ですが、その論理がアイデンティティーなのだと、宣長は考えた。それが失われると、古事記の価値も無くなってしまいます。本当に大切な物は、脆(もろ)い。そんな物を宣長は見つけて、堂々、日本古典の第一に据えたのです。中国文学者の吉川幸次郎さんが、『古事記は尊いが、古事記伝は一層尊い』と仰った。古事記伝あっての古事記であることは、忘れてはなりません。近代になって、津田左右吉とかが、ゴジャゴジャと理屈を言っても、古事記の価値と、宣長の仕事は、車の両輪みたいな物で、揺るぎない」

文「城で言えば、屋根が傷んだのを直す程度で」

吉「補修は、必要でしょうね。唯、天守閣は、しっかりした物ですよ」

文「古事記の中で、須佐之男命の『八雲立つ　出雲八重垣　妻籠みに　八重垣作る　その八重垣を』という歌がありますね。和歌の一番古い物と言われていますが、現代短歌の方から『よくわかりますが、それを短歌の大元と捉えることは、偏見があるように思います』という意見を聞いたことがあります。唯、この歌は、五・七・五・七・七として、ちゃんと独立していますね」

吉「三十一文字と、『人の心を種として』は同じですが、現代短歌と古典和歌は、同列に扱えない。日本人は昔から、五と七という調子が好きでしたね」

文「中国の五言絶句や、七言絶句の影響ですか？」

吉「さァ、どうでしょうか。大事なことは、歌を漢文に訳さなかったことです」

文「何方にしても、東洋的な言葉のリズムですね。それから、古事記の神話の部分が、日本書紀は薄い。日本書紀を編纂する時、削りましたか？」

吉「大雑把に言えば、中国の歴史書に倣うと、そんな所は要らない。日本書紀が編纂されたのは、当時の天皇家の正当性を誇示するためです。それでは、なぜ、古事記では書かれるのか。恐らく、編纂目的が違うのでしょうね。古事記に出てくる当時の大王、つまり、天皇ですが、情け無くて、狡(ずる)くて、権威も何もあったものじゃない。八岐大蛇や、泣く兎を大真面目に、大の大人が『ちゃんと覚えとけ』と稗田阿礼に命じ、それを阿礼は太安万侶の前で語る訳ですね。太安万侶も、元明天皇から『書き留めよ』と命じられたが、心の中では『何で、こんなことを』と思ったかも知れません。しかし、天武天皇から稗田阿礼が命じられたという絶対的な権威で、『理解は出来ないが、とても大事な物だろう』と思って、やったかも知れませんね」

文「『天皇が仰ることは、その通りで、有難く筆記をさせていただきます』と」

吉「書いた太安万侶も、『こんな本を書きました』と吹聴しようにも、説明が出来なかったのかも知れませんね」
文「重要なポイントは、稗田阿礼でしょう。天武天皇から聞いたことを覚えていて、元明天皇の時代で語った。稗田阿礼という、イースト菌が居る訳です」
吉「まァ、噺家の元祖みたいな存在ですよ」
文「稗田阿礼が、『一寸、面白い話でも入れとこか』と思ったかも知れませんね」
吉「語り部は、必ずしも同じ言葉を再生する訳ではありません。その場に応じた必要な話を延ばしたり、縮めたり。皆が聞きたい所を聞かせるという、そういう卓越した技術が、口承文芸だと思います。一つのテキストを棒暗記して語るという訳ではなく、太安万侶らの顔色も見ながら語ったかも知れません」
文「太安万侶が筆を止めて、『この話は、本当か?』みたいな」
吉「稗田阿礼が覚えて、古事記が完成する七一二年までの間、約三十年の間があります。稗田阿礼の中で、どれだけ話が成長したかですよ。どこかが膨らみ、どこかが消えた」
文「覚えていることを、誰かの前で語っている内に、『それは面白い!』と言われると、『一寸、膨らまそう』と思ったり」
吉「それは、当然あるでしょうね。それと、太安万侶はサブテキスト・関連資料を、どこまで使ったのでしょうね。例えば、天武天皇が御覧になって、『間違いだらけだ』と言った記録類の残存のような物。一方では、日本書紀の編纂も着々と進んでいる。その関わりは、興味があります。もちろん、ベースは稗田阿礼の語りですけどね」

文「全く理解出来ないのが、黄泉の国と、根の堅洲国がイコールで、違う所という」

吉「確かに、一つだけど二つだと、ややこしい世界観が入っていますね」

文「黄泉の国は、死者の国。根の堅洲国は、極楽とは言わないが、かなり違います」

吉「根の堅洲国には、綺麗な女の人も居りますね」

文「黄泉比良坂は、両方に出てきます。天武天皇が仰ったことを、そのまま筆記して、そのまま伝わってきた。これに対して、宣長は疑問がありませんでしたか？」

吉「宣長は、『書いてあることが、絶対である』と言います」

文「とにかく、疑うべき物ではないということですか？」

吉「はい、真の文であると」

文「このまま、享受しなさいと」

吉「古事記は、時も空間も無い所から始まり、奇想天外な展開をして行く訳です。あり得ない話や、辻褄の合わない話が続く。それを宣長は、全て真実だと言う。この一点で、宣長は凄いと思います。信じた人にしか見えない世界があるなんて、レヴィ・ストロースの『野性の思考』みたいじゃないですか」

文「源氏物語や古事記を深く読み込む宣長ですが、上田秋成の『雨月物語』のように、創作をすることはありませんでしたか？」

吉「宣長には、光源氏と六条御息所（みやすどころ）とのなれそめや、紫式部が宣長宅に来たという、ショートストーリーは幾つか書いていますけど、物語を書く気持ちは無かったでしょうね。神々の話が真実だと言っても、言葉の研究で法則性を考え、用例を徹底して集めて行くスタイルですから。だから、どうも歌が覚えにくい」

文「ほゥ、覚えにくいとは？」

吉「誠に、印象に残りにくい。コンピュータが、歌を作るような感じ。語法や連想に間違いは無くても、感動が無い。やはり、作家にはなれないでしょうね」

文「そうなると、上田秋成は完全に文系です。作品や日記を、井戸の中へ放り込んだそうですが、捨てた訳ではないでしょう。昔の和本は和紙と墨だけに、井戸から引き揚げて、陽（ひ）に晒すと、蘇ります。井戸の中を、保存庫のように考えた訳ではないですか？　火事の時、井戸に大事な物を放り込む家は、庭に井戸がありました。今の紙と、全く違います。捨てるぐらいなら、焼けばいい」

吉「秋成には、胆大小心録という随筆がありますが、言いたい放題で、宣長も『古事記伝兵衛』なんて、茶化されています。かなり波のある人だけに、癇癪を起こして、井戸へ放り込んだかも知れません」

文「上田秋成は、古事記を、どう捉えていましたか？」

吉「古事記に対する考え方は、ちゃんと持っていたようです」

文「それは、推奨・称賛ではないですか？」

吉「称賛は、日本書紀でしょう」

文「『雨月物語』のような作品を拵えた人が、神話の部分に興味を示さなかった」

吉「神話には、興味を示さなかったですね。古事記を信じることが出来るのは、学問の力です。お化けを信じることとは、次元が違います。秋成は学問はしていても、結局は異界に近い人です。しかし、所詮、人の代の話で、小さな異界。民俗が抱いた巨大な異界とも言うべき、神々の世界。古事記に入るには、『変な人だ』だけではダメで、宣長のように学問を究めるしかないのかも知れませんね」

文「非常に失礼な言い方ですが、本居宣長は古事記にベタ惚れして、恋は盲目になっていたとは考えにくいですか？」

吉「源氏物語は、将にそうです。古事記は、好きとか嫌いとかじゃない気がします。京都時代のことを回想した文章の中で、宣長は『他の人達が詠む歌は、私から見ると良くない。しかし、今の人達は、私の歌に大きな不満は感じないだろう。その理由は、別に書く』と言っています。実際に書いたか否かはわかりませんが、ひょっとすると、『似て非なる物、世界が違う』ということを言いたかったのではないでしょうか」

文「グレードは違いますが、古典落語と創作落語も同じようなことが言えると思います。長年、古典落語を演り続けている者から見ると、創作落語を三百拵えようが、五百拵えようが、後々の可能性は感じにくい。その中で、一つか二つでも残れば、立派でしょう。創作落語ばっかりを演っている者は、長年、古典落語で評価を得ている者に、ケチが付けにくい。自ずから出てくる空気感や厚みは、否定しにくいと思います」

吉「確かに、それと同じですよ。落語の世界は、そういう物で成り立っているでしょう。面白いことを次から次へ言っても、お釈迦さんの掌の中で、勝手に騒いでいるだけです」
文「古典落語を演っている者も、お釈迦さんの掌の中で騒いでいるだけかも知れませんが、その中の騒ぎ方が違うでしょう」
吉「確かに、そう思います」
文「話は古事記に戻りますが、阿射加神社は、もっと大事にした方がいいと思います。古事記にも載っている、物凄い伝説のある神社に、神主も常駐していません。あのままになっているのは、不思議ですね。それは、佐那神社も同じです」
吉「確かに、そうですね。阿射加神社は猿田毘古神の、とてもユニークな話のある神社ですし、佐那神社は、ご祭神が天手力男命です」
文「この二つの神社は、もっと大事にした方がいい」
吉「神社の序列は別にしても、話題性があると言うか、売り込み方では大事と思います。とにかく、物語性がありますからね」
文「まァ、阿坂や佐奈の方の考えもあるかも知れません」
吉「どうしていいのか、わからないように思います」
文「松阪の行政、殊に教育委員会が考えたら」
吉「行政に任せると、つまらないでしょうね。これまで松阪の観光は、祭りが中心で、地域の中の人の動きは活発でも、外から来る人を積極的に増やそうという工夫は無かった。それが本来の祭りではありますが、観光の意味とか、特性を考えると、外の人に来てもらうことも大事です」
文「逆に地域の人の意識も高まるし、元気も出てくる」
吉「そのためには、新しい物語です。『こんな面白い物があるから、売り出しましょう』という、カリスマ的なアドバイザーが居たら、火は点くと思いますし、これからはきっと、その方向で動いて行くでしょう」
文「アマチュアレスリングの金メダリストも出ていますから、『力の神様の、お蔭をいただきましょう』という言い方でいいじゃないですか。これは、後々の課題として」
吉「松阪近辺は、物語性は幾らでもあるでしょう。新しい物語を書ける人が出てきたら、かなり違いますよ。松阪からは、土性さんという金メダリストも出ているぐらいですから、天之手力男命（あめのたぢからおのみこと）のような、力の神様は持ってこいだと思いますよ」
文「最近、行き来が無いから、間違っているかも知れませんけど、私の家と土性さんは、濃い親戚じゃないかと思います」
吉「えッ、そうなんですか！」
文「土性さんのお父さんと、幼い頃、よく相撲を取ったように思います。私の祖母の妹の孫が、土性さんのお父さんだと思いますよ」
吉「とにかく、発進力のある人が出てきたら、一遍に火が点くでしょう」
文「話は、本居宣長に戻ります。三十五年も費やして、古事記伝四十四巻が纏められたのは、宣長にとって、都合の良い時代だったと思いますか？」
吉「時代と、土地の力を強く思います。日本一の大金持ちの三井高利は、あと二年で生誕四百年。宣長は十年で生誕三百年と、時代は離れているし、活躍の舞台は全く違っても、この二人の成功者には共通点があります。なぜ、二人は志を遂げることが出来たのか？　抜群の危機管理能力、人心掌握術。そして、完璧なマネージメントが出来た。そして、二人の生まれは、松阪本町。家は向かい合わせですが、ゲニウスロキ、土地の持つ力を味方に付けることが出来たからだと思います。中には、『学問は崇高な物で、商人如きと一緒にするな』と思っている人も居るでしょうが、それは甘い。暖簾も学統も創造的な営為、打ち立てて、守ることは同じです。宣長は、契沖や真淵から受け継いだ学問を大成して、次の人にバトンを渡した。いや、その次の時代まで考えていたでしょう。そのためには、研究者としての学識もですが、経営者や指揮者としての抜群の統率能力・経営の手腕が必要でした」
文「手腕は、手段が見えるということですね。手段が見えて、次の段取りが見えて、一手先も読めて、三十手先も見える。今は我慢をしても、何とかなることも見えて、全てが出来たということでしょう。三井高利や本居宣長が出来たのは、時代は違っても、当時の松坂に、それを生み出すだけの要素があったと考えられますね」
吉「それが、ゲニウスロキです。『それは具体的に、何？』となると、難しい。土地柄とか、為政者・支配者の存在が希薄だったことも大きかった」
文「松坂は、紀州藩の管轄でしたからね」

吉「それから、神様の所に近かった」
文「確かに、伊勢神宮に近い」
吉「いろんな土地の条件や、宗教的なこと。気候が温暖で、心配しなくても食べて行けるとか、いろんな条件があったはずです」
文「松坂城があって、城主が居れば、難しかったでしょう。ところで、最近、吉田館長は大病をなさいましたね」
吉「いよいよ年貢の納め時で、宣長に一歩近付けたかも知れません。源氏物語や、和歌の研究。そして、古事記伝と進んできた宣長の最後のテーマが、日本人の魂の行方。死と、どう向き合うかが、六十歳の頃です。唯、宣長の場合、健康上の不安があった訳でも無く、益々元気です。書斎に籠もることが多かった頃とは打って変わって、名古屋へ、京都へ、和歌山へと、大車輪の活躍が始まりました」
文「なぜ、六十歳で、死を見据えましたか？」
吉「それは、わからない。六十一歳で、自画自賛像を描きます。上田秋成から、『尊大の親玉だ』と、散々言われましたが、自画像を遺影にするという構想を抱いたからでしょう。日本人の魂の行方を考えるために、自分にとっての死を考えてみたのかも知れない。その数年前ですが、静岡の栗田土満（くりたひじまろ）から、『先生が仰るように、古事記を本当に信用するなら、人間は死に対して、どう向き合えばよいのか？　蛆（うじ）がたかるような黄泉の国に行くのでは救われず、安心して死ねないし、日本の神様は救ってくれない』という、切実な問い掛けがありました。それに対して宣長は、『安心無きが、安心だ。日本人が死んだ後、極楽浄土へ行けるとか、どこかへ生まれ変われるとかはありません。しかし、善悪貴賤を問わず、全ての人間は、死ぬということが安心なのです』と答えましたが、『本当に、この答えで満足が出来るだろうか?』とも考えました。そして、古事記伝の刊行が進み始めた時期に、この最後の難問に挑んだのではないかと思います」

文「それで、わかりましたか?」

吉「確かに、見出せたでしょう。死ぬ時、安心して、黄泉の国へ行ったと思います。父の危篤で、駆け付けた娘の顔を見て、『綺麗になった』と、これが最期の言葉。眠るように、旅立ったそうです」

文「それは、怖くありませんでしたか?」

吉「宣長は、怖くなかったと思います。何しろ、『安心無きが安心』ですから」

文「根の堅洲国は、黄泉の国のような世界ではないですからね。一般的には、根の堅洲国の存在が、心の助けのようになっているように思います。おどろおどろしい所ばかりではない世界が、もう一つあると」

吉「宣長は『黄泉の国に行く』と言っていますが、そこからでは、山室山の桜は見えないのじゃないかな。奥墓（おくつき）の場所の下見に、皆で行った時、候補地が決まった。『これで安心』と詠んだのが、『山室に　ちとせの春の　宿しめて　風に知られぬ　花をこそ見め』という歌です。さァ、場所は決まった。この地・山室から、永遠に咲き続ける山桜の花を眺めることにしましょう。また、『今よりは　はかなき身とは嘆かじよ　千代の住処を　求め得つれば』という、『もう、死は悲しくない。永遠に過ごす場所が定まったのだから』という歌も詠みました。死ぬほど悲しいことは無いが、その向こうに安心を見出した。これが、安心無き安心でしょうか。亡くなる半年前、奥墓の準備が出来て、桜の木も植えた後で、また門人達を大勢連れて、花見に行きます。自分の墓で花見というのも凄い発想ですが、その時には、『今日は帰るが、やがて、ここに来るから』という意味の歌を詠んでいます」

文「吉田館長が大病をされた時、そんなことを思いましたか？」

吉「いや、思わなかったですね。私は元気な時から、彼方此方で『私が死んだら、黄泉の国に行くのではなくて、宣長先生の許に参ります。わからなかったことを、先生にお訊(たず)ねしたいから』と言っていましたが、本当に自分が病気になったら、そんなことは言っていられなくなりました」

文「人間らしくて、いいですね。将に、人間の業(ごう)です」

吉「宣長先生に聞く前に、『先生、まだ早いです。質問が纏まっていません』という訳で。そんな無責任なことばっかり言っているから、マガツビの神に魅入られたようです」

文「いや、そんなことはありません。吉田館長は、大丈夫！　山室山の桜を、根の堅洲国から見るにしても、『朝日に匂う　山桜ばな』。朝日に匂うと言っても、山桜は香りがしないと思います」

吉「匂うは、この場合、視覚的な意味でしょうね」

文「ところで、本居宣長の家は、仏教ですね」

吉「家は浄土宗で、高岳院石上道啓居士という戒名を、自分で付けました」

文「しかし、神道でもあるでしょう」

吉「秋津彦美豆桜根大人(あきづひこみづさくらねのうし)が、神道式の諡名(おくりな)で、『日本の、グングン育って行く、桜の根っこの先生』というような意味です。以前から言い続けていますが、宣長には、家の宗教と、個人の宗教があります。樹敬寺は一族の菩提寺で、本居家の家長として此方に祀られ、山室山はプライベートな墓」

文「本居宣長の奥墓がある山室山は、昔から神社がありましたか？」

吉「いや、何も無いです。出来たのは、明治の初年ですから」

文「山室山自体、山の神の信仰でしたか？」

吉「岩観音があったりしますが、よくわかりません。『遠野物語』『山の人生』を書いた民俗学者・柳田國男も、『日本人とは、何か？』。魂の行方についても、宣長とは違う角度から、アプローチを試みた人ですが、彼は『私は死んだら、遠くに行きたくない。どこか日だまりのある岡の上から、自分は故郷を眺めていたい』と言ったそうです。松阪の郊外、山室山に奥墓を築いて、山桜を植えた宣長の心情に近かったでしょう。天気の良い日、例えば、奥墓の近くに、今もある岩観音へ行き、その前に広がる松阪の景色を眺めたら、宣長や柳田の気持ちが、よくわかるはずです」

文「考え方としては、わかり易いですね」

吉「『本居宣長は嫌いだ』とか言う人も居るが、好き嫌いではなく、海山の間と言われたりする、平地の少ない、住みにくい島に流れ着いて、身を寄せ合い、土地を拓き、滝のような川に苦しみ、少しは喧嘩もしながら暮らしてきた日本人。その特性を知ろうとするなら、やっぱり本居宣長と向き合わないといけない。生まれた時は、氏神様。厄落しで観音に参り、時には賛美歌を歌い、美味しい物は何でも食べて、外国に行くと『仏教徒だ』と申請し、戒名をいただいて終えるという、誠に複雑な民俗を考える時、宣長は試金石になるでしょうし、問題点が整理し易い。その問題に、『全ては、言葉だ。事と心と言は、相適う』と、向き合った訳です。それまでは救済を掲げて、問題を避けてきたように思いますね」

文「家は仏教でありながら、山室山に奥墓を造ったのは、両方を認めるということでしょう。お話を聞かせていただくと、自分の職業の医者と、自分の学問の研究のバランスを考えて、暮らしていたように思います。吉田館長の今後の仕事は、どうされますか？」

吉「本居宣長には、わからないことが多すぎる。個別の優れた研究はあっても、それを組み立てて行くと、一人の人間にはならない。異形、多重人格、訳がわからなくなります。例えば、生まれた日から始まる日記のこと、自画像を描いた理由。なぜ、桜か？　子どもの頃に習った浄瑠璃や、樹敬寺で聞いた赤穂浪士の話。源氏物語の蔭に隠れているが、実は平家物語好き。そして、平曲。落語、浄瑠璃、歌舞伎など、演劇や語り物との関係も重大かも知れませんね」

文「答えは推測しか出来ませんが、察知に近い所まで行きたいということですか？」

吉「ここだけの話ですが、ある程度は、整合性が保てる説明は出来ると思っています。部分的に聞かれると、『如何な物か？』と思われるかも知れないが、トータルで聞いてもらえば、『なるほど、一番説得力があるよね』と言ってもらえるのではと、一人で悦に入っています。因みに、私の号は『大悦』。バラバラにすると、『一人、悦ぶ』になります」

文「ほゥ、面白い！　この遊び心が、吉田館長のパワーになっているように思います。呉々も、ご自愛下さいませ。いろんなことを伺いまして、有難うございました」

桂文我が　相愛大学人文学部教授　千葉真也氏　山本幸男氏　に訊く

山「日本書紀より古事記の方が、イベントのインパクトがあるようですね」

千「あれは不思議で、古事記の時も同じように、千三百年をやりましたけど、あの時の方が、イベントが多かったです」

山「イメージとして、日本書紀は固いでしょう。古事記は物語・伝承ということで、神話と繋がりやすい」

千「文我さんも、落語で古事記は演っても、日本書紀は？」

山「日本書紀は神話の部分が少ないし、天皇家の公式記録だけに、扱いにくいでしょう」

文「称賛し過ぎる訳にもいかんし、貶(けな)すことも出来ません」

山「古事記の下巻は、日本書紀の内容と重なっていて、話の内容より、どんな意図で構成したか、関心があります。上巻を神代の物語に充てて、中巻・下巻が推古天皇に至るまでの各天皇の物語。何年何月と書かず、日本書紀に譲っている」

文「元明天皇の時代、天武天皇の話を覚えていた舎人(とねり)・稗田阿礼(ひえだのあれ)が言ったことを、太安万侶(おおのやすまろ)が筆記したそうですけど、最近は『稗田阿礼が語り、太安万侶が書いた訳ではなく、プロジェクトチームがあった』と言われていると聞きました」

山「現実的に考えたら、そうでしょう」

千「まァ、一人で書ける訳が無い」

山「日本書紀は何人かで、何年間も掛けて、資料も集めて、編纂している。文筆は、渡来系の人が中心になって、書記官のような形でやっている訳です」

文「そうでなかったら、キチンと中国に提示する物が出来ません」
千「古事記は、中国に見せる物でもない。最初は、そのつもりで書いたかな？」
文「日本書紀と古事記の完成は、八年の差がある。日本書紀は、別に編纂しましたか？」
山「やっぱり、同時進行でしょう。古事記の序文に、『天武天皇の命を受けて』と出てくる。最初から日本書紀と古事記を作る意識があったかどうかはわかりませんけど、出所は一つだったでしょう。天武天皇が命じたことを編纂するのは、一筋縄では行かない。あの頃、日本は律令国家を作って、中国にアピールする時期だけに、日本の正史を作らなければという機運が高まって、枝分かれをした可能性はある」
文「古事記の序文は、後に書き足されたとも言われていますね」
千「古事記も偽物だと、古くから言われました。江戸時代の国学者・賀茂真淵（かものまぶち）も、『序文は怪しい』と言っています。唯、本居宣長は『太安万侶の持っている漢文の力をフルに発揮すると、序文のような文章になる』と言っていますわ」
山「確かに、格調高い漢文で書かれていますね」
千「唯、序文と古事記の内容が、ピッタリ合うかということはあります」
山「古事記の序文を真に受けて読んだら、解釈出来ないことが一杯出てきますから、後で付け加えたのではないかと」
千「要約したにしても、余りにも酷い。筋が通っていないし、大事な話が抜けている。『序文に書いてあることは、古事記の中の何の話やろ？』と。序文が怪しいのは、中身と合っていないからです」

山「古事記が、推古天皇で終わった理由は何でしょう？　最初から、推古までということではなかったと思います。纏めて行く過程で、推古までの所が、帝紀や旧辞の範囲かな？　それ以降、割とリアルな記録が残っていたように思います。日本書紀を見ると、帝紀や旧辞だけではフォロー出来ない記録が一杯出てきます。百済や朝鮮系の記録も引用していると書いていますけど、古事記は無いですね」

千「無い、無い」

文「旧辞と帝紀は、現存していないでしょう」

山「勿論、ありません」

千「古事記の序文に、帝紀とか旧辞とか書いてあるから、どの部分が旧辞、どの部分が帝紀と推測しているだけです」

山「稗田阿礼が、帝紀と旧辞を暗記していたけど　何で暗記をせなあかん？　当時、記録する習慣も出来ていたから、書写して、取り寄せればいい。悪い所は切って、正しい所は残して、整合する。編纂すればいいのに、何で覚えさせたか？」

千「それを宣長は、グダグダと言う訳です。結局、『天武天皇の御口から、正しい日本語でお読みになった。その頃の技術では、キチンと筆記出来ず、稗田阿礼は覚えさせられたから、有難い』と」

文「そこには、何かのテキストがあったかも知れません」

千「あったと思うのが、前提です」

山「帝紀と旧辞しか出てきませんけど、帝紀は系譜で、旧辞は古い時代の物語。もう少し、成文化されていたでしょう。帝紀と旧辞は、王権を支える諸家が持っていたようですが、何故、その人達が持っていたか？　奈良盆地に居た、王権を構成する豪族達が、王を支えた証明のような記録として持っていて、書き加えて行ったかも知れません。つまり、『何々天皇の時、我が一族は、こんな功績があったから、帝紀に記してある』と」

千「古事記は分量は少ないけど、やたらに『この神様は、何々の氏族の祖先で、この子孫は誰々』と出てきます。あれは、日本書紀より書いてある」

山「だから、それを載せる意味もあったでしょう。みんなで王権を盛り立てた証拠を、後々まで残したかったと思います」

千「あァ、ウチの家も古いと」

山「そうそう！　神話の部分で、何々の先祖が一杯出てきますし」

千「確かに、書き放題です。それぞれの所が持っていた伝承を繋ぎ合わせて、『この神様の所へ、これも入れた方が宜しい』ということかな」

文「古事記を纏める時、いろんな話を加えたのを、後で削り取るのが、普通の作業でしょう。そこに、ここの者も入れておこうという忖度が働いて」

千「同じことをした記録が彼方此方にあって、『何方かを取るけど、どうしよう?』と。古事記は、神様が急に出てくることが多い。伊勢神宮の話になると、『五十鈴川に居られる、内宮の元。豊受の神様は、外宮の度会に居られた』と。豊受の神様は、それまで出てこないのに、いきなり登場する」

文「一度だけ出てきて、放ったらかしが多いですね」

山「日本書紀の皇統譜を作ってみると、初代天皇に至るまで、ありとあらゆる神様が出てきて、繋がりません。無責任に、神様を入れるだけ入れようと」

千「今の住吉の神様も、生まれた所は古事記に書いてあるけど、後は出てきましたか？　かなり後の方で、神功皇后の辺りで出てくるかな？」

文「神様が顔を出しても、居なくなったり、放ったらかしが多い」

山「そこに意味があるとしか、考えようが無い」

文「そうでなかったら、出てこなくてもいい訳ですから。何か意味を持ってか、語り部として、ビックリさせるとか、物語を変化させるとか」

千「少名毘古那神（すくなびこなのかみ）という神様が出てきますけど、居なくなったと思うと、海の方から光り輝く神様が現れて、大物主神（おおものぬしのかみ）になって」

文「その時、久延毘古（くえびこ）が出てきますけど、あそこだけですか？」

千「はい、あそこだけです。久延毘古は、山田の曽富騰（そほど）という案山子で、物を聞くだけの話のために出てくる」

山「それは、気配りですか？　それを先祖にしている豪族が、我が家に伝わる話を出して。それを元に纏めて行ったら、みんなが納得するじゃないですか」

文「自分の祖父の名前が神様になっていたら、嬉しい」

山「天皇家に繋がるのが、ミソですね」

文「神武天皇が、船で瀬戸内海を行く時、手をバタバタさせて、教えてくれる神様が居ますね。あの神様も、あの時だけです」

千「その時、足一騰宮（あしひとつあがりのみや）に宿ったと書いてありますけど、足一騰宮とは、何でしょうか？　辻褄が合わん話を、一生懸命に宣長が考えて、古事記伝で筋を立てています」

文「黄泉（よみ）の国と、根（ね）の堅須国（かたすくに）も、不思議な場所ですね」

千「そもそも、同じ所かどうか」

文「黄泉の国は地獄のような所でも、根の堅須国には綺麗な女の人が居たり。唯、黄泉比良坂（よもつひらさか）は何方にもある。『天武天皇が仰ったから、一応は信用して、こういうことと考えなあかん』と、本居宣長は思ったのかも知れません」

千「全部、訳があって書かれたし、間違っていないという前提でないと、筋を通すことが出来ないでしょう」

山「そこに、古事記を解く鍵があるかも知れません」

千「瀬戸内海で、羽ばたきをしている神様なんて、何のために出てくるかと思います」

文「ギャグ以外、何物でも無いでしょう。聞いている人が、眠くなってきた時、こんな物が出てきたみたいな」

千「子どもに話をする時、いきなり、『バサバサバサッと、やってきた』と言うような」

山「そんな意味では、伝承の世界ですね。各豪族達の集まりで、歴史を辿る時、祖先のような者を出して、『我が一族には、こんな物語がある』と言ったように思います。今の感覚では解釈出来ないことでも、当時の人は、もっとリアリティを持って見ていたでしょう。宣長の時代でも、わからなくなっていた」

文「日本書紀は、千三百年の間、途絶えること無く、読み続けてきた訳ですね」

山「日本書紀の講書は、平安前期まで残っていたようです。その後の日本書紀研究が、よくわからない。貴族から武家に政権が移って、貴族の権威が落ちる時代です。京都の貴族達は、何をしていた？」

文「先代旧事本紀は、古事記と日本書紀、両方の良い所取りのような本ですか？」

千「あれは、両方を足しています。先代旧事本紀ほど古くなくて、仏教と半分集合したような、これを読んでどうなるという本も多いですよ」

文「我がユニオンは正しいと言うための手段ですから、都合の良い神様を出して、都合よく書かれているでしょうね」

千「『ウチには、こんな古い本がある。みんなは日本書紀ぐらいしか知らないけど、こんな伝承がある』ということが、必要だったでしょう。群書類従には、続・続々と、ごっつい本があります。そんな本を見ると、古事記に出てきた天御中主神（あめのみなかぬし）という神様が、古事記より大威張りで、ドォ――ンと出ていたりする」

文「天御中主神は、一番初めの神様ですね。何にも無い所から、ポッと出てきて。伊邪那岐・伊邪那美に天沼矛（あめのぬぼこ）を渡すのは、天御中主神ですか？」

千「よく出てくるのが、その後の高御産巣日神・神産巣日神。天御中主神は、別天神とか言って、よくわからん」
文「『地を固めてきなさい』と言って、天沼矛を伊邪那岐・伊邪那美に渡した神様の名前は、ハッキリ言われていないように思います」
千「確かに、無いです」
文「高御産巣日神・神産巣日神かも知れんし、天御中主神かもわからん」
千「まァ、天津神諸々命です。皆様の、ご命令でということで」
山「それが、日本的かな。神道には、教義が無いでしょう」
千「確かに、無いです」
山「神道を遡って行くと、記紀の神代の物語が出発点でしょう。神話を読んでも、訳のわかないストーリーが彼方此方に出てきて。読み進むと、最後には初代の天皇に行き着くことになっている。何故、こんな物が必要かということが、一杯出てきます」
千「大筋で言うと、天皇家が日本を治めるのは、こんな訳という話ですわ」
山「後々の訳のわからない神道が、仏教の影響を受けています。最初は神仏習合だったけど、神道の影響が拡大すると、恰好を付けなあかん。仏教には、しっかりした理論体系があるし、儒教も入ってきていました。儒教も、しっかりしているけど、神道は無いだけに、ここから行かなあかん」
千「後は五行説を合わせたり、老子や荘子も入れたりして、グジャグジャです」

山「その中で、気に入った天御中主神をピックアップして」

千「後の時代になると、この神様が最初に現れた訳も、五行説で説明したり。隙間があり過ぎるから、当時の最新理論を使って埋めんと、仕方が無い。神道自体、纏まった物は無いです。まァ、神社だけがあると言うか」

文「神道と仏教には、天照大御神と大日如来が同じ位置という擦り合わせがありますね」

山「あァ、本地垂迹(ほんじすいじゃく)」

文「あれは、神道から擦り寄りましたか?」

山「まァ、そうでしょう」

文「両方を保つには、攻め合いより、仲良くして行く」

千「本地垂迹も、『この神様は、元は仏様です。仏様のお計らいで、日本人のために現れて下さった、有難い神様。この神様にお参りをしたら、この境内は極楽と同じ』という所まで行きます。最初は『この神様も、仏法から離れて久しいから、お経を読んでくれと頼んだ』とか、『この神様は、コレコレの仏様とか。神様の位が上がると、『永遠に存在する仏様が、日本という特別な場所のために現れて下さったのが、有難くも何々の神様』と」

文「物凄い、こじつけですね」

山「中国には道教という土着宗教があって、儒教や仏教の理論を採り入れている。道教は、しっかりした理論体系を作って、『私達こそ、本当の中国の物である。他は外来だから、けしからん』と、盛んに儒教と仏教の批判をします。批判をするための理論構築は、仏教や儒教から採ってきました」

文「後者が、前者の考えや行動を、批判・排除して行く」

山「中国的な民間宗教では、それが道教です」

千「中国人のために、お釈迦様が自分の弟子を老子として、生まれ変わらせたという」

山「老子が中国の西の方に行って、お釈迦様になったという書物も作られています」

千「そうなると、仏教の人が作ったか、道教の人が作ったか、訳がわからん」

文「印刷物になると、字の魔力で騙されて、定着することもあります」

山「唯、緊張感を持って、やっているでしょう。とにかく、相手が凄いですから。儒教は土着の物で、それも敵に廻すけど、特に仏教に対して、物凄く排斥する訳です」

文「仏教は厚みがあって、少々では崩壊しないことを知っている」

山「相手は物凄いから、抗するには、余程、理論構築しないといけない」

千「その結果、道教の大蔵経のような、ごっついのが出来ますけど」

山「唐の皇帝も『自分の家を遡ると、老子の子孫だった』と、いつの間にか、老子が道教の最高神になります。日本の神道は、近代になってから、いびつな形になりました。それまでの神道は、好戦的でしたか？」

千「いや、そうでもないです。元（げん）が攻めてきた時、日本中の寺や神社は、お祈りをしています。天皇家も、伊勢に遣いを出したり。それだけに、神道は好戦的と言えません。お寺も一生懸命、御敵退散と」

文「話を、古事記に戻しましょう。古事記は音で書いてあるから、全く読めず、時代の置いてきぼりになったようですね」

千「実際、読みにくいです。確かに、日本書紀の方が読み易い」

山「まァ、正当な漢文という形ですから」

千「日本書紀には、理屈があります。古事記を読んでも、何の理屈も無い」

山「古事記の文体は、和漢混淆文のような文ですか？」

千「一応、漢文です。読まれなくなるのは、古事記の他、万葉集。万葉集が出来たのは、奈良時代の終わりか、平安に引っ掛かるぐらいです。平安時代、古今和歌集の後ぐらいになったら、万葉集があることは知っていても、読みません。万葉集も漢字ばっかりで書いてあっても、まともな漢文ではないですから」

山「歌自体、万葉仮名で読めないじゃないですか」

文「古事記も、天沼矛で、コォロコォロと掻き混ぜる所を、漢字の音で書いてあります。読む者が、漢字の意味から入ると、全くわからん」

千「古事記はマメに、『ここから上の何字は、音で読みなさい』という注を入れています」

文「それは、真福寺本（※最古の古事記の写本で、国宝。名古屋・大須観音が所蔵）でも？」

千「えェ、最初から入っています。平仮名と漢字交じりで、普通に文章を書いて。ある所だけ、『これは古い音だから、カタカナで書いた』という感じで。異様な字面でも、マメに『音で読んで頂戴』と」

文「全く、読めない物でもなかった」
千「読めないことはありませんけど、使う所が無い」
山「一体、どこで使うかです。日本書紀は、公式用語の漢文体で書いてある。而も、日本が天皇家によって、統一されて行く過程を描いてあります」
千「かなり同時代に近い所まで、律儀に毎巻書いてありますわ。古事記は、推古天皇まで書いてあるけど、途中から『いつ生まれて、誰と結婚して、こんな子どもが居て、お墓はどこ』と。終わりの方は、これしかありません」
文「古事記のように読みにくく、訳のわかないことが書いてある物が、何故、寛永の時代に刷られたか？　本居宣長が使ったのは寛永本で、一番古い版本ですね」
千「確かに古くて、当たり前に売られて、使われています」
文「当時の版元が、読みも出来ない物を版本にしようと考えた。日本書紀や先代旧事本紀なら、わかりますけど」
千「江戸時代の初め頃は、日本書紀のランクが一番で、次は先代旧事本紀、三番目に古事記。その頃は、『何で、こんな物を本にした？』という物が多いです」
山「神道絡みではなくて、いろんな物を？」
千「お経だったら、何でも出版する。儒教の本は、儒教は流行ったんだと思うぐらい。明や元の時代、朱子学者が書いた、どうでもいい物まで、本にしている」

山「寛永の頃、出版ブームがありましたか?」
千「中村幸彦先生は、『誰が読むと思う物まで、印刷した』とまで仰っています」
文「印刷すること自体、嬉しかったのかも知れません」
千「やっぱり、嬉しかった。読む人も、読む物に飢えていて、買います。万葉集も、古事記より巻数が多いし、歌の世界では、暇人しか読まんような物まで」
山「要は、穏やかな時代になったということです」
千「古事記だけを採り上げると、『何で、こんな本を?』となるけど、当時の出版状況なら、古事記ぐらいの知名度があったら、一応、刷っておこうと」
山「でも、売れたそうですね」
千「はい、売れました。その後、伊勢の度会延佳(わたらいのぶよし)が校訂した本が出ますけど、出来上がりを見ると、学者が一生懸命やったのに、良い刷り師が居なかったのか、寛永版本の方が、見た目は綺麗です。寛永版本は、読んでも鮮明で、美しい」
山「かなり、印刷技術が高かった。後の時代まで継承されて、使われたのが、寛永版本」
千「不思議なことに、日本書紀は寛永ではなくて、少し下がった、寛文の本です。日本書紀より、古事記の方が先に出ました」
文「日本書紀より早く出版されたのは、買い手があるか、神社が納めておくか。そうでもなかったら、日本書紀より先に出ないでしょう」

千「神道は日本書紀の方が大事でも、部数や、ボリュームが多いからかも知れません」
文「本居宣長は、日本書紀通証を著した谷川士清(たにがわことすが)に、『あなたの研究は間違っている』という手紙を出したそうです。日本書紀の最初の解説書を出した人に、挑戦状を送った訳で。かなり自信が無かったら、そんな手紙は出せませんね」
千「江戸時代の人は、遠慮も無く、大家に手紙を出しました。江戸の荻生徂来は、京都の伊藤仁斎という大先生が亡くなる頃に手紙を出して、『返事が来ん』と、後々まで、グダグダと言っていますよ。これはファンレターで、批判すると言うより、『これだけの学力を持った者が、しっかり先生の本を読んでいます』と」
文「早い話が、アピールですね」
千「その後、士清と宣長は喧嘩をしていないですから」
文「賀茂真淵が『士清の言うことにも、一理ある』と仰った頃から、宣長が『あァ、そうかな』と思ったそうですけど」
千「宣長も、谷川士清を尊敬していたと思います。唯、貶すだけなら、手紙を出す前に、本でも書いたら宜しい。やっぱり、ファンレターと思います」
文「本居宣長は、京都で堀景山に学んで、松坂へ帰りました」
千「堀景山が持っていた日本書紀を譲られて、日本について、勉強をしました」
文「源氏物語の研究から、国の歴史に移りますね」

千「唯、若い頃から、神様が好きです。古事記や先代旧事本紀は、京都に居る間に買っているし、石上私淑言（いそのかみのささめごと）という、歌についての理論書のような物も書いていますよ。それを読むと、神様の方に近付いて行くことがわかる」

文「松坂が、伊勢神宮に近いことも大きいでしょうか？」

千「やっぱり、大きいですね」

文「猿田毘古神（さるたびこのかみ）が、比良夫貝（ひらぶがい）に手を挟まれて、人間で言うと、亡くなりますね。それが松阪の阿坂という所で、阿射加神社もあります。唯、本居宣長は、阿射加神社を重んじていたようには思えません。松坂に住んでいたら、阿射加神社を重視するのが当然と思いますけど、どうしてでしょう？」

千「あの人は、何やろねェ？」

文「『何やろねェ？』と言われても、困りますけど。それから、松阪の隣り町・多気町にある佐那神社のご祭神は、天手力男神（あめのたぢからおのみこと）です。近い所に居るのなら、もっと押し出してくれたら良かったと思います」

千「宣長は、あまり神社のPRはしていないですね。神社から頼まれることもあったと思いますけど、何でやろねェ」

文「神様の世界より、古事記を通して、昔の声を聞くことが大事で、神様に強烈な思い入れがあったかどうかかは、些か疑問です」

千「古事記には強烈な思い入れがあるし、出雲の国造の千家と遣り取りをしています。唯、神社のことをやり出すと、知り合いが一杯居ますから。宇治山田の荒木田久老（あらきだひさおゆ）が、真淵の弟子で居たりして、神社の知り合いが多過ぎたからかな」

文「出来るだけ、神社関係と付き合いを薄くしていたかも知れません」

千「甲斐国の、ある神社から文章を頼まれた時も、何やかんや、ゴタゴタと言って。古事記は好きだけど、具体的な神社は好きではなかったのかも知れません」

文「今年は、日本書紀編纂千三百年。本居宣長は、日本書紀に没頭しませんでしたか？」

千「しませんでしたが、決して、貶している訳ではありません。『日本書紀も立派な本ですけど、古事記の方が、もっと立派だ』という言い方で、ちゃんと日本書紀も読んでいます。例えば、古事記伝の言葉に読みを付ける時、『ここは、日本書紀に一例がある』とか。万葉集を読む時でも、日本書紀を使っています」

文「本居宣長にとって、日本書紀の位置は、どう考えたらいいでしょう？」

千「日本書紀は、史実が詳しいことは当然で、古い読みを伝えてくれている。日本書紀の史実は勉強したし、読みも勉強したけど、肝心の精神は、どうでもいいという感じだったと思います。しかし、『古事記の読みを付ける時の第一等の資料は、日本書紀に間違いない。日本書紀に散らばっている純粋な日本語を引き寄せて、古事記を読んでやろう。古事記に残らず、日本書紀の訓として残ったということがあったのではないか』と言って、盛んに使っています。今、その方面をやっている方が、平安時代のお経とかに付けられた訓点を、第一等の資料にしますけど。当時、お寺に残っているお経の訓点は知られていませんから。漢字に付けられた古い読みが残っているのが、日本書紀でした」

山「それは、読者層と関係があるんじゃないですか。日本書紀は、貴族の読み物で継承されている面があって、よく読まれているから、振り仮名が出てくると思います。先代旧事本紀も、音読している。日本書紀の注釈書は出ていますけど、古事記は無いでしょう?」

千「殆ど、ありません。参考資料に、何かを引っ張ってくることはあっても、態々、読みを残しておく本ではないでしょう」

文「それだけ日本書紀は、長い間、研究もされ、振り仮名を付けるだけの値打ちがあるという扱いを受けていたということですか?」

千「はい、受けていました。古事記と重なる神代の所は、総ルビのように振っています」

山「日本書紀の読者層は、貴族でしょう。古事記に関しては、あまり関心が払われなかったように思います」

千「一体、誰が読んだのかな?」

山「日本書紀は、六国史の一つですから、継承されて行くと思いますけど、古事記に関しては、どんな利点があるのかと」

文「古事記は、貴族が手元に置いても、あまり意味が無い」

山「唯、古い時代の書物としては、意味はある」

千「ウチにありますというのは、威張れるけど」

文「実用書として、利用価値は無い」

山「コレクションにはいいけど、定期的に読む物ではないですね」
文「日本書紀は、実用書と言えますか？」
山「実用書と言うよりも、日本のことを知るための教養書」
千「まァ、基本資料ですね。続日本紀となると、どうですか？」
山「まァ、似ていますよ」
千「菅原道真が作った類聚国史（るいじゅこくし）は、その前の国史から、必要な事項毎に集めています。宮廷の儀式や、いろんな習慣。何でも基本になるのは、日本書紀から後の六国史で、ダイジェスト版も意味があったでしょう。その時に、古事記は使われていない」
文「菅原道真は、遣唐使を廃止した人ですね」
山「まァ、行きたくなかったでしょう。当時の中国は、乱れていたし」
文「中国から、もらう物が無くなったから廃止したという訳ではなく」
山「いろんな理由があると思うけど、行っても意味が無い」
千「あの時代、唐という国も、グダグダになって」
山「無事に帰ってこられるかどうかも、わからない」
千「行くのは、命懸けです。船が一つぐらいは沈むし。留学生に『行くのはええけど、四人の内、一人は死ぬ』と言われて、行きますか？」
文「今なら、行く者は無いでしょう」

千「船が四つ行って、全員が無事に帰ることは、滅多にありません。唯、唐の王朝は世界帝国ですから、日本から持って行った物の何倍か、お土産を付けて帰さないことには」

山「礼儀の国で、大国ですからね」

千「国が傾き掛けた頃、『無理をして来なくてもいい』と言ってあげたかも知れません」

山「公式の遣い以外に、商人達は新羅を介して、情報が入っていたそうです。行っても意味が無いし、危険度が高いから、廃止になったように思います」

千「竹取物語に、緋鼠の唐衣を手に入れたいと思った貴族が、中国の商人に頼む話がありますわ。商人同士の行き来は、盛んになりましたけど」

山「遣唐使は政治的な意図があったけど、新しい物を輸入するという利用が多い。日本からも持って行くけど、原材料が多かった。その代わり、中国の品を積み込んでくる」

文「当時から日本人は、品物のレプリカを作るのが上手でしたか?」

山「正倉院に入っている宝物も、かなり日本で作られているようです。明治初期に修理している物もあるようで、それを知らないと、天平の立派な物と思ってしまう」

千「お納めした後、そのままだった訳ではないと、よく言われています」

文「菅原道真は、古事記には触れていませんか?」

千「触れていたら、後の学者の誰かが言っているでしょう」

山「やっぱり、中国万歳じゃないですかね」

文「ほぅ、日本万歳ではありませんか？」
山「日本人で漢詩を作っている者のトップで、評価の高い人ですから」
千「後々でも、漢文の上手な学者は、誰かが朝鮮から来た時、『朝鮮は、学者を尊重する国と聞いています。日本ではなく、朝鮮に生まれたら、幸せだった』ということを、平安時代でも、江戸時代の初めでも、よく言っています。日本に科挙の制度は無いですから、一生懸命に勉強をしても、海外からの使節のお迎えをするぐらいで。一番位が上がっても、菅原道真でしょう。道真も、最後は一人で流されますからね。日本は学者を大事にしないと、よく言っています」
山「日本も大学寮があったけど、あそこに行くのは、中下級官人です。高級な人達は、家庭教師を雇って、教養を身に付けて、大学へ行かない。大学へ行かなくても、出世は出来ますから。一般から高級官僚が生まれる訳ではなく、精々、中級」
千「最初から、レールが敷かれている訳です」
山「建前は、儒教的教養を身に付けることですけど、厳しい試験を通っても、八位クラスぐらいでしょう。五位を越えられるのは、貴族の息子という差別がありました」
文「菅原道真は、日本書紀について、何か言っていますか？」
千「一応、類聚国史は纏めています。日本書紀の講義が終わった後、みんなで歌を詠んだ、日本紀竟宴和歌も残っていますね」
山「それは、一回だけ」

千「歌が書き止められているのは、一回分です」
文「講義の後、歌を拵えるのは、余興・余祿ですか？」
千「或いは、その時の異例のことかも知れません」
山「講義が終わった後、打ち上げのような」
文「菅原道真は、古事記は読んでいますか？」
千「一応、見ているでしょう。古事記も、古語拾遺も」
山「中国の古典籍を読むのがメインの時代ですけど、古事記は見ていると思いますよ。それを、どう使ったのかはわかりません。日本書紀は、天皇の前で読み上げて、天皇も日本の成り立ちを確認する。それは、今でも行われているでしょう」
文「ある時代の天皇が、『それは、嘘と違うか？』とか、『一寸、書き直した方が良えのと違うか？』とか仰った御方はありませんか？」
千「まァ、それは無いでしょう」
山「それを否定すれば、天皇では無くなりますから。それは大切に、有難く」
千「歴代の天皇の事績を書いたことを、全て立派だったと受け止めた訳でもないと思います。日本書紀でも、酷いことをした天皇の事跡も残っていますから、『神代で、こんなことが本当にあったか？』と思うかも知れません。一番古い中国の本を見ても、首を傾げる話がある。違うのやないかと思っても、裏付ける証拠も無いですから」

文「因幡の白兎は、日本書紀に出てきません。兎の物語などは、何方でもいいというようなことが、古事記は載っている」
千「古事記は、どうでもいい話が多いですわ」
文「中国に、『兎が、こんな目に遭った』と言う必要も無いし」
千「日本書紀では、仁徳天皇が煙を見て、『民衆は貧しいのか』と仰って、『立派な天皇が居られたら、こんな人だろう』という書き方をしていますけど、古事記の仁徳天皇は、奥さんが嫉妬深かったとか、そんな話が多くて」
山「古事記は、人間味があると言うか。日本書紀は中国を意識していますから、立派な天皇を強調したでしょう。古事記は口承伝承だけに、リズムを付けて、読み上げて、暗記する世界の物が、ある時期に成文化されたから、どんな人間が居たかを、リアルに語る訳です。日本書紀は、唐を意識して、完全に飾り付けられている」
千「日本書紀で、仁徳天皇の事績とされていることは、『大阪が水で溢れ返るので、大きな堤を拵えました』とか、土木工事の記録が出てきます」
山「難波の堀江を切り開いて、そこに難波津を造ったことでしょう」
千「実際に掘ると、かなり古い時代、土木工事をした跡はあるという立派な話を、仁徳天皇の所に纏めたようですけど、古事記の関心は、お妃の嫉妬の方にあったようです」
山「そんな意味では、原初的な天皇の姿は出てくると思います。日本書紀は、もっと天皇らしい天皇に仕立て上げています」

文「一寸、お化粧が施されている」

山「対外向けの物で、後世で読んでも、奇怪しくない。古事記のような内容の物は、読みません。女に迷って、あんなことをした、こんなことをしたとか、姦通したとか」

文「殺し・恨み・姦通が、一杯出てくる」

千「雄略天皇の辺りは、叔父と甥、従兄弟同士が、必ず、殺しです。父親の天皇が殺されて、命からがら逃げたけど、世を継ぐ者が居なくなったので、お迎えしたとか。殺し方も、えげつないですからね。そんなことばっかりが、古事記の中巻・下巻」

文「唯、倭建命の話は面白いと思います」

千「最後に死ぬ所まで、ホロッとする話もありますけど、全体が殺伐として、後は筋が通りません。上巻は、読み易い」

文「神話は、ＳＦで、映画にもなるような」

千「筋が一本、通してあるから」

山「日本書紀は、ギクシャクしています。古事記は削ぎ落として、スッキリしている」

千「宣長は、系図も作りました。古事記伝の一部は、系図ばかりですわ。系図を作ることは、源氏物語でも好きですから」

山「繋がることが、日本では大事でしょう」

千「系図や年表を作ると、どう繋がるかがわかります」
文「大山津見命という神様が、チョイチョイ古事記に出てきますね」
千「それも本人ではなくて、父親や祖父の話で」
文「この神様自体、よくわかりません」
千「大山津見命は、最初、国生みをする所で出てきますね」
文「八岐大蛇の話で、櫛名田比売の父親の足名椎が、大山津見命の伜ということで」
千「やたらに、私の父親ということで出てきますね」
文「誠に、便利な神様。国譲りの所は、急に大物主神が出てきて『私を三輪山に鎮座させたら、世の中が穏やかになる』と言って。奈良に、顔を立てましたか？」
千「やっぱり、そうでしょう。神武天皇や崇神天皇という、古い時代の天皇も、大物主神の娘と結婚したり、大物主神の子孫に、神をお祀りさせたりしています」
文「古事記には、生き物も数多く出てきます。鼠が出てきて、身を隠す所を教えてくれたり、鶴が飛んで行ったり。日本書紀は、如何ですか？」
山「何かが起こるという前兆で、鼠が移動したり、蛙が飛び出ることはあります」
千「近鉄八木駅前に、金の鳥があるけど」
山「あァ、神武天皇」
千「あれは、日本書紀にもありましたか？」

山「神武天皇を導いてくれた、八咫烏（やたがらす）でしょう。古事記と日本書紀が重なる部分は、かなりあります」
千「確かに、古事記は、動物や植物が好きですね」
山「寧ろ、そんな世界や文化でしょう」
文「古事記に出てくる生き物・恨み・殺しを、日本書紀では削いで、編纂しましたか？　兎が物を言って、皮を剥がれたことは、中国に言いにくい」
千「中国にも言いにくいし、自分達も納得しにくかったかも知れません」
山「それが、編纂される八年の差かも知れませんね。一応は作ったけど、中国に持って行く訳にはいかん」
千「やっぱり、あんまりだということかな」
山「中国は漢書や後漢書と、国の名前が付いていますけど、日本という国の名前が無い。中国は、王朝名が付いた歴史書です。日本だったら、日本紀でもいいけど。古い言葉を記した書で、古事記。これは完結していて、編纂しやすかったのではないですか」
文「古事記という題は、編纂された頃から、そうでしたか？」
千「多分、そうだと思います。それが固有名詞なのか、普通名詞で、古いことを書いた文書という意味なのかは、ゴジャゴジャ言っていますけど」
文「中国に見せなくてもよい物だけに、日本を付ける必要も無い」
山「一般的には、そう言われています」
千「古事記は、『古いことを書いた』と」

文「本居宣長は、古事記を『ふることぶみ』と読んだと聞きました」
千「そんな読み方をしていたかも知れませんけど、『こじき』で宜しいと。古事記伝は『こじきでん』で、『ふることぶみのつたえ』という振り仮名は付けていないと思います。古事記も、『ふることぶみ』と読んだかも知れないぐらいで」
文「三十五年も費やして、古事記伝を纏めましたが、本居宣長が『どうしても、これはわからん』という所はありませんでしたか?」
千「『わからないままで放っておくのも何だから、こうじゃないかと思うことは書くよ。こんな可能性はあるけど、確証は無い』とか、そんな言い方は数多く出てきます」
文「後々の研究者が解明したことは、幾つかありますか?」
千「『古事記伝では、こう言っているけど、実際は不明』とか、そんなことは多いです」
山「古事記伝を纏めるのは、本当に本居宣長が一人でやった作業ですか?」
千「間違い無く、一人です。資料を提供してくれた者とか、『これについて、誰か知らんか?』と聞いたり、『もしかしたら、お役に立つと思いまして』と言って送ってくれた人とか、『自分の所の伝承を書き留めた物です』という者は居ります。賀茂真淵の仕事は参考にしていますけど、基本は一人です。一人で本を読んで、ノートを取って。お墓と子どもしか書いていないような所も、同じ調子で」
山「結構、先行文献を使っているじゃないですか。やっぱり、自分で買い求めて?」
千「六国史、万葉集、延喜式という、基本的な本は買いました。その頃の松坂は、本を読むのが好きな金持ちが、少なくとも、二、三人は居たようです。江戸時代は、全国有数の蔵書家が、全国各地に一杯居ましたから。三井、小津、長谷川という金持ちが居たり、馬琴と文通していた誰それとか」

山「所謂、パトロン的な存在でしょう」

千「多分、一杯居ました。本を出す時も、お金を借りて。本居宣長記念館に借用書が残っていると聞きました。『本を出すため、お金は上げるけど、形としては借用ね』と」

山「材料の集め方に、興味があります」

千「江戸時代は、本の貸し借りは多い。借りたら、書き写して。宣長の子どもの春庭も、よく写していました」

文「尾張からの参宮街道と、大坂からの伊勢本街道が松坂を通っているから、物資の調達は便利だったでしょう」

千「あの頃は、名古屋も学問が盛んでした」

文「当時、日本書紀の研究も、名古屋が盛んでしたか?」

山「蓬左(ほうさ)文庫や、前田家もある」

千「河村秀根も、キチンとした日本書紀の注釈書を出しました」

山「権力者のコレクションを、民間人の本居宣長が、何かの伝(つて)で見せてもらったとか」

千「それはあると思いますけど、古事記の同時代の物は、殆どありません。平安時代までの物を引けば、かなり間に合います。仰山の本が引用されていますけど、万葉集、日本書紀、六国史、律令、延喜式があったら」

山「まァ、それだけで十分かな。後は、手に入らないと思います」

千「日本書紀に一ケ所しか出てこない所を、『日本書紀では、こんな風に読んでいる例があるので、こんな読みを付けます』と書いていますけど、出ている索引を見ても、確かに一つしか無い。系統的に本を集めて、系統的に読んでいる宣長には適いません」

文「本居宣長が集めた本は、全て保管されている訳ではありませんね」

千「勿論、散逸している物もあります」

文「古事記伝の版木は、本居宣長記念館に保管されるまでは、大切に扱われていなかったのではないですか？」

千「それでも、何度も増し刷りをしています。古事記伝の版本は、私達でも買える値段で売っていますわ」

文「古事記伝は、意外に安いですね」

千「明治時代、中学校を建設する時、基本書を集める中で、古事記伝が入ることが多かった。その頃も刷って、本屋で流通させて。明治時代でも、古事記の解説書は古事記伝しか無いですから、よく売れて、使われていたようです」

文「本居宣長記念館の吉田館長が、『日本書紀は、千三百年間、何らかの研究がされてきただけに、引っ繰り返ることは無いと思うけど、古事記伝は出てから二百何十年だけに、本居宣長の研究成果は引っ繰り返る可能性がある』と仰いました」

山「新しい文字資料が出てきて、日本書紀と異なると言われたことは、一時期、ありました。大化改新は嘘という研究が、一九六〇年代に盛んになって、日本書紀を批判する本が出版されて。最近の傾向として、日本書紀に書かれている古い時代は怪しいけど、雄略天皇以降、五、六世紀代の天皇の記事は信憑性があって、それを裏付けるような遺構も出てきています」

千「敢えて言うと、郡と評ですね」

山「大化の改新の頃に作ったと書いてあるのは嘘と言われていたけど、評と書いた木簡が出てきて、地方行政組織をやっていたことが証明された。郡は、今も使う郡のルーツのような物で、評は無くなりました。里（り）は、郷（ごう）に替わりましたよ」

千「何とかの国、何々郡、何とかの里ですね」

山「都道府県で言えば、大阪府の市町村レベルが、評になります。里は少し変わった言い方で、五十家族を集めて、一里の単位を作りました」

文「一箇所へ、人が集められる訳ですか？」

山「行政官が、適当にします」

千「このエリアの中に、適当に五十戸を組み合わせるように」

山「税金と兵士を集めるために、何とか里という名称を付けます。そのためには、どこに誰が住んでいるかという、国・郡・里という住所を作った後で、登録します」

文「つまり、紐付きにする訳ですね」

山「そうしないと、税が取れないし、名前も付けられたと思います」
文「顔も知らないような者が、一箇所へ集められて？」
山「八世紀初めの戸籍が残っていて、二十人、三十人が家族になっているけど、本当に家族かどうか、わからない。戸籍を作る時、適当に集めた可能性がある」
千「青年の男が、何人居るかが肝心です」
文「いつの時代も、税金と軍力」
山「税金を取るのは意味があって、豪族を官僚化します。古事記に出てくる人達は、財産を持っている。そんな人達を、サラリーマンに変える訳です」
千「それぞれに属していた者の帰属先を、豪族から国家に変えてしまう」
山「サラリーマン化すると、言うことを聞くでしょう。豪族は財産を持っているから、上から何のかんのと言われても、生きて行ける」
文「しかし、勝手なことをしませんか？」
山「それを断ち切るのが、律令国家です。壬申の乱で、有力な豪族がダメになる。天武天皇に、地方豪族が付きました。生死を共にしているだけに、言うことを聞きますから。地方豪族をサラリーマン化するためには、統一見解を作る必要がある。唯、天皇の歴史を、思うように変えている可能性はあります」
千「筋が通らんとか、字が間違っているとか、単位が違うとかはありますね」
山「神武から崇神に至るまで、日本書紀を見ると、天皇の名前と家族しか出てこない」

文「後は、お墓ですか」

山「全く事績が出てこないのは、いろんな豪族の先祖が出てくるために作ったのではないかと。神武天皇は架空の天皇だと思いますけど、その後に続く八人の天皇も作られたのではないか。本当は、崇神からじゃないかと言われています」

文「古事記も、崇神天皇の所は、ボリュームがありますね。改めて、千葉先生と山本先生は、どのように古事記を捉えておられますか？」

千「研究者で、『古事記に書いてあることは、皆、事実』と思う人は無いでしょう」

山「国文学の立場と、歴史の観点では、捉え方が違うでしょうね」

千「国文学者は、古事記を読むことで、古代語に迫る者が多いと思います。寧ろ、古事記に、どう筋を通すかという」

文「本居宣長の研究も含めて、かなり穴がある訳ですか？」

千「古事記は穴が多いし、日本書紀の方が隙間を埋めていると思います。古事記は、神様でも突発的に出てくるか、一回だけ出てきて、消えてしまう。『何で、ここで出てきたの？』ということは、面白いパズルですけどね」

文「ボタンが幾つも押してあるけど、ボタンの意味が理解しにくい」

千「本居宣長のように、『古事記には、本当の日本人の心がある』というように読めればいいけど。宣長は、そんな信念を持っていたと思います」

山「そうでないと、あんな作業は出来ません」
文「音で読む音読と、文字を辿るのとは、捉え方が変わるでしょう」
千「日本の古典でなければ、訳します。英訳もドイツ訳でも、古事記や万葉集が、どう発音されたかは、どうでもいい。取り敢えず、意味がわかれば。ところが、なまじ日本語で書かれていたら、特に国文学者は、みんなの前で朗読しなければなりません。『読みはわからないけど、こういう意味です』では、間に合いませんから」
山「基本的に、歴史研究者は、意味がわかればいい」
千「『読みは二通りの説があるけど、今、私は此方で読みます』とか、『ここの所だけ、どうしても読めません』とか。本当に音読したのは、賀茂真淵からかも知れません」
山「祝詞（のりと）が出ていますけど、いつ頃からですか？」
千「伊邪那岐・伊邪那美の話が、祝詞の中に出てきます」
山「古事記・日本書紀の、そんな所を素材にして」
千「平安時代で祝詞を作った人は、古事記を音読していたでしょう。仮名が生まれてから、こんなタイプの変な漢文の物は、からっきし読めなくなる」
山「それは、送り仮名を付けますか？」
千「昔、送り仮名を付けた形跡が一部にあるという説がありました。漢文で読めばいいけど、仮名が出てきてから、古事記や万葉集は、そのままでは読めなくなります。古い万葉集の写本は、原文を書いて、その時に読めるような仮名で訓を付けたり。古今集の後、当時の学者と歌詠みを集めた、後撰集が作られました。天皇から、『万葉集を読んでもらいたい』と頼まれて。当時、もう読めなくなっていたようです。天皇に『いつ頃、万葉集は作られた？』と聞かれて、お答えしたという長歌が残っていますけど、変なことが書いてあります。万葉集も、かなりの部分が読めなくなって、平安時代を通して、少しずつ読みが付きました。万葉集も、万葉仮名で書いてくれていたら、読みは簡単です。『春という所は、波と、お留守の留を書くように』と書いてくれたら、迷いません。その代わり、『読めるけど、何の意味ですか？』という疑問は出てきます」

山「万葉の歌を版本で読みますけど、当時の人々が、そう読んでいたか、確証は無い」

千「確証が無いことは、一杯ありますよ」

文「賀茂真淵が纏めた冠辞考で、本居宣長が『これで、何とか読める』と考えたそうで」

千「冠辞考で、真淵に惚れ込んだことは書いています。唯、冠辞考自体が、よくわからん。冠辞考を読んで、『訳がわからん本と思ったけど、何遍も読んだら、納得した』と言っているのも、よくわかりませんね。唯、万葉集は真淵が一生懸命に読んでいるし、真淵なりに古事記の上巻だけは、平仮名・漢字交じりの文に、読みだけは直して。真淵も宣長も、『古事記を日本語で、どう読むか』ということが肝心でした」

文「賀茂真淵が若くて、時間があったら、古事記伝に近い物は纏められましたか？」

千「いえ、それは無理でしょう。真淵は、あんまり仕事を纏めない人でした。万葉考も、生きている間に出したのは、最初の二巻だけです。後の三、四、五、六も、ある程度はやっていますけど、後ろの方は手付かず。それも、万葉集の版本に書き込んだ物だけ。唯、時間はあったはずです。仕えている時は、お殿様の仕事で忙しかった。でも、晩年、やる気があったら、もう一寸、万葉考も上手く行ったと思います」

文「一応、完結させる気は無かったのですか?」

千「万葉考は行ける所までは行ったけど、完結しませんでした。本居宣長記念館が所蔵している、宣長が書き込んだ万葉集や古事記は綺麗で、わかり易くて、後で纏める時、仕事も早い。どの本から引いたかも、活字のようなカタカナで、丁寧に、ページまで書いて。真淵はグシャグシャと書いて、書き切れんようになると、御粉で消して、その上に書くから、ちゃんと読めません。宣長は急がず、カタカナで、ゆっくり書きます。そうでない物もあるけど、丁寧な書き入れですわ。真淵は平仮名の続け字で、後々、弟子に手伝わせても、弟子も、ようわからん」

文「本居宣長は、情報処理能力が優れて、几帳面ということですね」

千「確かに、その通りです。順序立てて、秩序立てると、仕事を処理して、読んだ物を必要な所へ並べて行く。それが真淵は足りないし、好きではないです」

文「本居宣長記念館の吉田館長は、『賀茂真淵は凄かったと思うけど、今となれば、本居宣長に古事記を勧めたという評価になる』と仰っていました」

千「古事記の歴史に於いて、そうかも知れません。しかし、賀茂真淵は偉いですよ。万葉集の注釈の万葉考を出して、万葉集の時代区分の原型を作っています。万葉集で、この歌人が良いという評価もしました。

それまでも人麻呂や赤人ぐらいは、みんなが言いましたけど、高市黒人（たけちのくろひと）が良いというような、歌人の評価も説得力があって、後々の者が納得出来た。万葉集全体を摑んで、その時の時代区分や、万葉集の中で立派な歌人や、源実朝が良いと言えたのも、真淵です」

文「つまり、的確な理解力・分析力があった」

千「理解力、直感力、見つける力。説得力を持って、熱情的に言う力。宣長を読んでも、古事記や万葉集の良さは、よくわかりません。玉の小櫛を見ると、源氏物語の良さは上手に言っていますけど。万葉集になったら、真淵は『歌は、古今集が良いと思っているでしょう。古今集のように、綺麗な物だけが歌と思ったら違う』と言っています。これは、真淵でなくては言えませんでした。やっぱり、真淵は偉いです！」

山「当時の学者は、道楽でしょう。今の学者は給料をもらって、その傍らでやらざるを得ないから、制約がある。ところが、宣長も真淵も道楽だったから、あんな研究が出来たのではないかと」

千「真淵の仕事が纏まらなかったのは、お金が無かったからです。真淵は、お金持ちの家に生まれた訳ではなくて、五十歳で江戸に出てきました。」

文「当時の五十歳なら、年寄りですね」

千「その前に勉強をしようと思って、荷田春満（かどのあずままろ）の所に行ったのが、確か四十歳。何年か経って、春満が死んで、頼る者が無くなって。春満の甥が、江戸で荷田の家を守って、名声もあったので、其方へ行きます。人に字を教えたりして、何年か、フリーランスですわ。やっと、お殿様に迎えられて、初めて定職ですよ。十年ぐらい、どこかでウロウロして、早くて四十何歳、遅くても五十歳で定職。それまでは歌を教えたり、手習いを教えたり。所謂、非常勤講師だけですわ。宣長は松坂に居たので、親戚・知人が一杯居ます。真淵は貧乏な頃、浜松の親戚から、米や炭を送ってもらいました。やっと万葉集の注釈をやれたのが、六十何歳からです」

山「その執念や、そこまでやる精神性は、時代ですか？　今だったら、あり得ない」

文「本居宣長の執念とは、少し違いますね」

千「万葉集の研究をするために、吉野や伊勢や奈良へ行かなければならない。やっと、行けるようになったのが、六十何歳。それで、松坂の出会いですわ」

文「あァ、新上屋の一夜ですね」

千「六十歳を過ぎて、お殿様から暇をもらって、江戸から吉野へ、老人が行きます。帰ってから、『目も、昔みたいに利かん』とボヤきながら、万葉考を書いて。お殿様に仕えるようになってから、自分の仕事が出来ましたけど、給料取りですから、仕事を言われる。一番気の毒なことは、源氏物語の注釈を作るように言われて。伊達さんだったかに、『何年か先、ウチの娘が嫁入りする時、斬新な注釈を持たせてやりたい』と言われて。可哀相に作りますけど、中々、進みません。真淵は、源氏物語が嫌いですし」

文「賀茂真淵は、源氏物語が嫌いですか？」

千「平安時代なら、伊勢物語」

文「全然、本居宣長と違いますね」

千「好きな物が、全く違います。仕事が進まないので、途中から『もう屋敷に来ず、汚くてもよいから、家で書け。何日かおきに、上手に書く者を屋敷から遣わすから、ひたすら原稿を書け』と。そんなことをしていたら、万葉集をやりたくても、出来ませんわ」

山「一人でやった方が、出来たかも知れません。冠辞考は、何を元に作りましたか？」

千「元にしたのは、契沖の万葉代匠記ぐらいしか無い。皆、『契沖は実証的で、真淵は直観的』と言っていますけど、実際に万葉集の注釈を二つ読み比べたり、枕詞についての解釈を見比べたりすると、真淵の方がスッキリしているし、意外と実証的で、直観だけでやった訳ではないです。とにかく、時間がありません。源氏物語の注釈を作ったけど、可哀相に、お嬢様は嫁入り前に亡くなって。まァ、著作は残りましたけど」

文「水戸様の依頼で纏めた、契沖の万葉代匠記は、どんな扱いですか？」

千「国文学のベースで、国文学者のバイブルです。水戸様に清書本を納めて、流布していませんけど、その前の草稿段階が、世の中に出ました。後は万葉集の本の書き込みで、『契沖の説は、こうだ』。万葉代匠記の現物は、簡単に手に入らなかったようです」

文「本居宣長は、万葉代匠記に目を通すことが出来たでしょうか？」

千「何年掛かりで、本屋に『もし出たら、頼む』と言っておけば、出来たと思います」

文「賀茂真淵の方が、スッキリした万葉集の注釈であると」

千「そんなに独断的ではないし、根拠無しに言っていない。勘で言わずに、ちゃんと根拠を出していますから。契沖の方が、要らない所が多いと思います」

文「上田秋成と本居宣長は、仲が悪かったですよね。秋成が書いた雨月物語は名作ですけど、宣長は注釈の範疇の他、何故、創作に手を染めなかったのでしょうか？」

千「実は、創作もしました。歌は一杯作ったし、小説っぽい物は、源氏物語の欠けている巻を書いたという設定で書いていますけど、本業にはしていないです。真淵も想像力旺盛な人ですから、物語を作りそうですけど、作っていない」

文「宣長や真淵は、自分は創作するタイプではないことを知っていた訳ですか？」

千「まァ、そうでしょう。真淵は、『万葉集の注釈を作ることで、自分を表現する』と」

山「学者で、二足の草鞋を履く者は少ないでしょう。随筆や随想が書ける者は居ても、創作はフィクションの世界ですから、学問の世界とは違う。中々、両方は」

文「司馬遼太郎・小松左京という先生が、現代物に注釈を付けていましたね」

山「あの方々は、よく勉強していたと思いますけど、やっぱり小説家です」

千「学者で小説を書くとしたら、明治時代では、夏目漱石ですわ」

山「だから、英文学者を止めました。何ぼやっても芽が出ないし、先も見えない」

千「自分で限界を見つけて、止めましたね」

山「創作に行ったら、芽が出たという訳で」

文「そんな場合は、挫折ではなく、方向転換でしょうね」

千「確かに、そう思います」
山「中々、両方は出来ないでしょう」
千「江戸時代の学者でも、山東京伝は小説を書きながら、近世の風俗考証をしました。例えば、『外食としての、うどん屋・そば屋の看板が、いつ頃からあったか』とか」
文「あァ、民俗学ですね」
千「そんな物を、馬琴や京伝は大好きでしたけど、ガッチリとした学問は無理でした」
山「それは、考証学かな？」
文「所謂、雑学ご披露です」
千「それぐらいをやるのが、文人の嗜みでしたけど、ガッチリした古今集の注釈なんかはしていません。秋成は、変な人です」
文「やっぱり、変ですか？」
千「秋成も国学者だけに、万葉集の注釈も残していますけど、思い入れが強過ぎる。秋成が育ったのは、大坂の堂島。大坂の真ん中で育ったことを誇って、宣長のことを『あんたは、田舎者だから』と言っています。秋成は、大坂の昔の風景が好きで、『難波宮は、どこにあった？』とかが大好き。大和川が付け替えられて、堺に直流するようになったのは、江戸時代中頃です。それまでは、国分辺りで大坂平野に出ると、小さい流れが一杯出来て、大坂城の近くで、淀川に合流する。洪水を防ぐために、付け替えをして、田んぼになったのが、秋成は悲しい。昔のように、水が流れ、船が行き交う風景が好きですから。

ある時代、あそこは洪水ばっかりで、大変でした。秋成は『大化の改新の辺りに出来た難波宮は、どこだ?』という話になると、急に『自分で注釈を作る!』と言って、一杯書きます」

山「難波宮の研究に関して、上田秋成は出てこないですね」

千「それは、出ません。しかし、本人は大好きです」

文「好きでも、後々の研究対象になる物は纏めていない訳ですね」

千「秋成は、古代学の本も一杯書いていますけど、上田秋成を理解するために読んだ方がいいという感じの本です」

山「本居宣長にしても、契沖の万葉代匠記にしても、学問的に役に立っていますけど、上田秋成は聞いたことが無い」

千「秋成で残っているのは、やっぱり雨月物語です」

山「だから、小説家ですよ」

千「また、春雨物語を、晩年に書きました。薬子の変を、最初に小説にした人でしょう」

山「あァ、水鏡を使っていますね」

千「『小説家としての秋成が、こだわっていた歴史は何だろう?』という観点で、秋成研究者が読みます。あれだけを、まともに読んでも面白くない」

山「古代史家という観点で、秋成の残している古代からの物を読み返したら、何かが出てくるかも知れませんね。今まで、聞いたことが無いですけど」

千「秋成研究者は、春雨物語は物凄く良いと言うけど、私が読んでも、何が良いかと思うことが多くて」
文「生涯を通して、秋成は恵まれていましたか？」
千「貧乏暮らしですけど、勝手な貧乏です。お金のある家に養子として迎えられて、その家は女の子は居ましたけど、男の子に恵まれん。そこそこの人から生まれたけど、訳があって、秋成はもらわれて。可愛がられて、一通り、学問もさせてもらう。家が焼けて、財産は無くなったけど、医者の修業もします。宣長は医者をしながら、食べて行きました。秋成は、自分が診た患者が死んだのが辛くて医者を止めますから、向いていなかったと思います。後は支援者に助けられながら、文筆一本。だから、やたら写本が残っている。同じタイトルで、中身が少し違う。パトロンが居て、お米・お金を送ってくれる。そんな方にお礼を出しますけど、自分の書き物しか無いですから」
山「それが、かなり残っている訳ですね」
千「お金持ちが、大事に残してくれたから。大坂に居たらいいのに、引っ越し好きで、京都に住むことにして、何度も家を替えて。揚げ句の果てに、『京都は、人情の薄い所だ』と言って。引っ越しをしても、知り合いの居ないような所で」
文「本当に、奇人ですね」
山「作品を書いて、売りましたか？」
千「売り物にしたのは、雨月物語ぐらいで。後は支援者に、『お蔭様で、こんな物が纏まりました』という感じで、渡して」

文「雨月物語は、中国の剪灯新話から採っていますね」
千「剪灯新話の筋や文章も借りているけど、好き勝手なことを放り込んで、面白いです」
文「いろんな物の要素で膨らませたのが、雨月物語と考えてもいいですか？」
千「言わば、芥川龍之介や太宰治の先祖ですわ。源氏物語の要素も入れて、膨らませているけど、一生懸命に積んだ教養で、学問をするには勝手過ぎて、小説家が書いた歴史エッセイのような感じです。黒岩重吾でも、古代史を扱っていたように」
山「蘇我入鹿が、どうのこうのとか」
文「秋成が宣長に手紙を出したのは、相手にしませんでしたか？」
千「まァ、重視はしていないです。宣長も変なことを言うから、秋成が絡んで。出版されなかった本でも、宣長が書いた物が写本で廻ってくると、大論争。主題は二つあって、一つは『天照大御神が太陽と言うけど、望遠鏡で覗いたら、あんな所に人は居らんではないか』と言うと、宣長は『そんなことは、百もわかっとる！』」
山「それでは、論争にならない」
千「『古事記の話は、万国共通とは言えん』『お前が知っているのは、中国の話だ』と、お互い、品が無い。後は、日本の古代の発音が、どんな物だったか。時々、秋成も良いことを言うけど、その後の展開力や持続力、証拠を見つける能力は宣長の方が上で、証拠は幾らでも出せる。秋成は、日本書紀も古事記も疑うし、『壬申の乱の話は、本当は違う記述が、日本書紀の元にあった』と」

文「唯、証拠はありませんね」
千「『そんな言い伝えがある』とか、『ある人が京都の古本屋で、一度見たことがあるらしい』とか」
山「そんなことを言う者は、チョイチョイ居りますよ」
千「江戸時代、偽物を作る人が一杯居りました。そんな物を見ると、秋成は信じて」
山「江戸時代、系図は偽作が多かった。古文書も、都合良く、変えられているのが出てきて」
千「藤貞幹（とうていかん）は、考古学者・古代史家で、偽物作り。『日本の古代に於ける朝鮮の関わり方を、もっと重視しよう』と、良いことも言うけど、それを立証するとなったら、そんな資料は見たことが無いし、必要だったら、資料を作ってしまう」
山「それは、捏造です。そんな資料が出てきた場合、批判をする者は居りましたか？」
千「『この人が引いている資料だけど、見た人はありますか？』とか、『そんなことを言うのなら、全文を出してほしい』と言う者は居りました」
山「隠された歴史書とか、よくあるじゃないですか」
千「あァ、超古代史とか」
文「石器を埋めておく、ゴッドハンドと同じです」
山「だから、捏造のし放題。江戸時代ぐらいから、そんなことが出てくるかな。それ以前は、そんなことをやっても仕方が無い」
千「その前は、『藤原定家の子孫の家で、父親から伝わった』とか、『祖父の代から』と偽物を拵えたり、『ウチには、もっと古い物があります』と」

山「自分の先祖を良く見せたいのが、人情じゃないですか。その証拠作りに、昔から伝わっている物に、手を加える」

文「それは、極めて人間的ですね」

千「かなり盛んになったのは、江戸時代です。諸大名が、権威付けのために」

山「大体、藤原氏に行き着くでしょう」

千「時々、幕府に家の系図を出せと言われて、ありませんとも言えん」

山「古事記の時代から、先祖代々の系図を出しなさいということがありました。その時、かなり加えたように思います。訳のわからない、一回しか出てこない神様を作ったり、編纂の時、上手く合わせたりして」

千「その家の言い伝えとして、『間違い無く、何とかという神様が居た』と」

山「そう言われたら、否定は出来ない」

千「『その神様が、その前、どうだったかは知らないけど、祖父の代からは、こう言っています』と言って。本当に、言い伝えられているかも知れんし」

山「それは、検証が出来ません」

千「態々、出鱈目を作る理由も無い。『ウチの先祖に、こんな神様が居りました』と言うと、『伊邪那岐命が、子どもを作った辺りに放り込もうか』と」

山「それは、編集担当者の妙です。そんな所から見ても、古事記に複数の人が関わっていたことは、現実的ですよ」

文「出雲・九州などの者の集合体だけに、全部の顔を立てることを考えたようです。唯、理屈が合わなかったら、具合が悪い。神様の世界は、彼方此方に飛びます」

山「以前は、古事記・万葉集を積極的に採り上げて、日本書紀や、他の記録と見比べて、歴史を説き明かそうとしたけど、今は国文任せ。暫く手を付けていないから、新鮮な物が出てくる可能性はあります。現実として、古事記に目は向いていないですね」

文「古事記の中で、須佐之男命の話が長いでしょう。天から放り出されて、出雲へ降りてきて、川を見ていたら、箸が流れてきた。これは、現実的な話ですね」

山「川の上流に、人が住んでいるという」

文「箸が流れてくるのは、如何にも人間的です」

千「そんな所があるから、赤い鳥の主宰者・鈴木三重吉が、古事記の上巻を、子ども向けの古事記物語に纏めました。八岐大蛇とか、箸が流れてきたのは、文学ですね」

山「箸の文化を研究している者から、必ず、その話が出てくる。日本の箸が一番初めに出てくるけど、どんな箸だったかと」

文「櫛名田比売を櫛に変えて、須佐之男命の髪に刺すのも、極めて人間的な発想です。櫛や箸が出てくるのに、とんでもない世界の者と、上手に融合させている」

千「アニメになるのは、上巻です。軍記物語で、平家物語は一つの筋が通っている。太平記は、楠正成が死んだ辺りはいいとして、その後、訳のわからない話が一杯出てきて、読んでいる方が、もういいという感じになります」
文「古事記は、頭でっかちな物語でしょうか？」
千「はァ、上巻だけでいいじゃないかと」
山「中・下が、どんな意味を持っているかは、日本書紀に任せておけばいいかも知れん」
千「確かに、日本書紀だけで良かった。日本書紀だけで見た方が、仁徳天皇は立派に見えます。古事記を見ても、立派な所が出てきません」
山「まァ、浮気ばっかりして」
千「そんな所を、宣長は気に入ったようです」
山「古事記伝で、日本書紀に言及している部分は、かなりありますか？」
千「古事記伝の第一巻で、日本書紀を批判的に言っています。日本の風俗では、あり得ないようなことを、中国風に書いているから。唯、古事記伝を見ていたら、日本書紀が一番出てくる。天皇の事績や神様で、『日本書紀では、こうなっている』と。宣長が一番大事にしていたのは、古事記の読みです。読みの決め手は、万葉集と日本書紀しか無い」
山「その時、古語拾遺は使っていませんか？」
千「古語拾遺は、あまり使いません。何と言っても、日本書紀です。うひ山ぶみという、国学を勉強する者のための本でも、日本書紀を言わん訳にはいかんので、そんなに貶していません。『中国風の書き方をしているけど、中には嘘もあるから、それに惑わされてはいけない。唯、史実は非常に詳しい』と言っています。古事記で簡単過ぎる所を、詳しく書いている所が、日本書紀に一杯出てくる」

山「日本書紀の巻一、巻二に、何故、神代を入れたか？　神武天皇に繋がるための、神の系譜を作るためでしょう。古事記には筋があって、膨らみがある。日本書紀は、天皇の代になると、割と詳しく出てくる。歴史の方から見ると、信用性が高い」

千「それは日本書紀でないと、仕方が無いです」

文「倭建命は、日本書紀では、どうなっていますか？」

山「今まで、あまり注意して見たことがありません」

千「古事記の方が、印象は強烈ですね。古事記の中で、『父親は、私に死ねと言うのか』と言う所が宣長は大好きで、古事記伝の中でも特筆対象です。『あんなことを言うのが人情であり、それを否定しないのが古事記で、何とも結構だ』と」

山「日本書紀は、あまり情を出しませんね」

文「倭建命の最後は、本当に気の毒です」

千「近松の主人公が、死に向かって行くような。することなすこと、ダメを張って。それをしてはいけないのに、行ってしまう。死ぬ辺りで、伊吹山の神様に言わなくてもいいことを言って。最後は鳥になって、飛んで行く」

文「確かに、美しい終わり方かも知れません」
山「日本書紀で人間味があるのは、壬申の乱の所。巻二十八・巻二十九と続けて読むと、ストーリーになっている。何故、そんな所を作ったのかと言うと、最初、大友方に付いて行ったけど、形勢を見て、大海人に付いた方が良いと、大伴氏が判断してしまう。それがポイントで、大友が負ける訳だけど、その時の記録を作っていたようです。天武天皇のために、どれぐらい貢献したかという詳しい記録を作って。何月何日、こんなことがあってと、一日単位で出てくる。天皇の周辺も、そんな記録をする者が居たようで。その記録プラス、大伴方の記録を元にして、膨らんでいます」
千「戦の記録は、大将も作るし、下っ端も。後々でも、そうです」
山「どれだけ戦果を残したかを言うために、首を斬って、腰へブラ下げて、持って行く」
千「戦死した者でも、こんな功績を挙げて死んだということを、キチンと記録しないと、『死に損だったら、誰が一番槍なんて、馬鹿馬鹿しくて行けるか』となる。大抵、一番槍は死にますから。誰が一番槍を入れて、『あいつは、こうやって死んだけど、それで勝った』ということを記録して、ご褒美をもらう」
文「つまり、犬死にではなかったということですね」
千「壬申の乱の所でも、そうです」
山「壬申の乱の巻二十八の一巻だけが、日本書紀の中で突出している。だから、貢献したと」
文「つまり、これだけは言っておきたい」
山「恐らく、編集委員が採用したと思います」

文「そう考えると、古事記も日本書紀も、言いたい所は、ボリュームがある訳で」
山「それがキッカケで、天武系の天皇が出来た訳だから、やっぱり残しておきたかった」
千「古事記の神武天皇の所で、東大阪の日下(くさか)辺りに、神武天皇が辿り着いて、いきなり上ります。負けて、迂回して、五瀬命が亡くなる。相手をしたのが、登美那賀須泥毘古。山の上に陣取っている所へ、下から攻め上ったら、負けるでしょう」
山「あそこも、相当リアルですよ」
文「あれは、東大阪の所ですか？」
千「あの辺りは、海でした。東大阪の石切・新石切近辺に、日下という所があります」
文「五瀬命が、弓矢で腕を射られた所ですね」
千「あの辺りは海でなくても、水が繋がっていて、船で行けば、辿り着く。生駒山は、大阪から上がると、西の斜面が急です。東の方は住宅地があるように、なだらか。いきなり上って、上から攻められたら、負けますよ。迂回して、亀の瀬を通ろうと」
文「所謂、河内湖ですか？」
千「河内湾は無くなって、河内湖です」
山「あそこだけ、かなり具体的ですよ。ダメだったから、紀州まで行って」
千「紀州へ行く前に、亀の瀬を通って、龍田越え。あの辺りは、地滑り地帯で有名です」
山「確かに、険しい。柏原辺りから歩いて、坂を上って、龍田神社へ下りて行きます」

千「そこを通ろうと思ったけど、止めました。龍田越えの話は、日本書紀に出てきます」
文「その後、紀州へ廻って、上陸する。熊野川を遡ると、井戸の中から、変な神様が出てきますね。その後で出てくる、土蜘蛛も」
山「実際の獣や、障害になっている野生動物をイメージしているのかも知れません。何で、あんな所から行くのかな？」
千「あの辺りの者に、顔を立てた訳でしょう」
山「それに類する物語があって、そこに滑り込ませたと言う人があります」
文「その他、紀州が出てくるのは、古事記の初め頃ですね」
千「あァ、須佐之男命の話。大国主神は、紀州へ行きます」
文「大国主神の母親に、『植林の神様が居られるから、そこへ行きなさい』と言われて」
千「まァ、その時ぐらいですね。神武天皇も、何で態々」
文「何か、意味があるのでしょうね」
千「神武天皇が『日下辺りから行っても、無理で』と言うのは、とてもリアルですけど」
山「宮崎から北上して、瀬戸内海を通って行くというルートは、現実に交通路がある」
千「態々、陸路を通る必要はありません」
山「潮が早かったから、難波に入れなかったというのも、リアルです。実際の通路があって、そこから入りにくい現実があったのかも知れません。紀州から上って、大和へ行くルートは、本当にありましたか？」

千「紀州から上って、大和へ行くのなら、紀ノ川を遡ればいいと思います」

文「やっぱり、彼方此方に顔を立てた」

山「確かに、そう考えざるを得ない」

千「ギリシャ神話でも、神様が彼方此方へ立ち寄ると、神殿があったり、誰かと仲良くなったり。しかし、山本先生と古事記の話を、こんなに語り合ったのは初めてですね」

山「千葉先生は、古事記のことなら、ズゥ――と教えてくれると思います」

文「今回は、これぐらいにしましょう。目から鱗の話ばかりで、有難うございました」

千葉　真也(ちば　しんや)

1954年生まれ。宮城県仙台市出身。京都大学大学院文学研究科博士後期課程単位取得後退学。金蘭短期大学国文科専任講師。現在、相愛大学人文学部教授、人文学部長、図書館長。鈴屋学会代表委員。
主な研究対象：本居宣長を中心とする国学者の学問形成。
主要論文：『古事記伝』における『康照字典』、『古事記伝』再稿本二之巻三之巻の成立について、『古事記伝』浄書再稿本四之巻の成立について、『万葉集問目』についての問題二つ、『古事記伝』一之巻の成立について。

山本　幸男(やまもと　ゆきお)

1953年大阪生まれ。1976年岡山大学法文学部史学科卒業。1984年大阪市立大学大学院文学研究科後期博士課程単位取得退学。2000年博士(文学)。現在、相愛大学人文学部教授。専攻は日本古代史。
著書：『写経所文書の基礎的研究』(吉川弘文館、2002年)、『奈良朝仏教史攷』(法藏館、2015年)、『正倉院文書と造寺司官人』(法藏館、2018年)等

吉田　悦之(よしだ　よしゆき)

國學院大學文学部卒業。
(財)鈴屋遺蹟保存会 本居宣長記念館研究員として採用され、以後、主任研究員、研究室長を経て平成21年4月、館長。令和2年4月、名誉館長。
専門領域：近世学術史(本居宣長の研究)
著書：共編『本居宣長辞典』、『21世紀の本居宣長』他多数。共著『本居宣長の不思議』。著作『2001年宣長探し』、『日本人のこころの言葉　本居宣長』、『宣長にまねぶ』等

著者紹介

四代目 桂文我（かつら　ぶんが）

昭和35年8月15日、三重県松阪市出身。昭和54年3月、桂枝雀に入門。桂雀司を名乗る。平成7年2月、四代目桂文我を襲名。全国各地で「桂文我独演会」「桂文我の会」を開催。子ども向きの落語会の「おやこ寄席」も各地で開催。平成25年4月より相愛大学客員教授。「上方落語論」を講義。国立演芸場花形演芸会大賞、大阪市咲くやこの花賞、芸術選奨文部科学大臣新人賞、ほか各賞受賞。

◎おもな著書

『復活珍品上方落語選集』3巻（燃焼社）、『落語えほん　しまめぐり』（ブロンズ新社）、『じごく　ごくらく伊勢まいり』（童心社）、『大笑い　お伊勢参り』（三月書房）、『おやこ寄席　らくごCD絵本』（小学館）、『ようこそ！　おやこ寄席へ』（岩崎書店）、『上方落語　桂文我　ベストCD　ライブシリーズ』、『桂文我　上方落語全集』（パンローリング）ほかCD、CDブック、DVDも多数。

桂文我の落語版『古事記』

令和二年九月二十五日　第一版第一刷発行

著者　四代目 桂文我

発行者　藤波優

発行所　㈱燃焼社

〒558-0046 大阪市住吉区上住吉二―二―二九

TEL ○六―六六一六―七四七九

FAX ○六―六六一六―七四八○

振替口座 ○○九四○―四―六七六六四

印刷所　㈱ユニット

製本所　㈱免手製本

ISBN978-4-88978-145-8　Printed in Japan